仁和寺尊寿院阿證

－数奇な運命を仏道に生きた佐竹氏世子－

神宮　滋

仁和寺尊寿院阿證＊目次

（写真・図）

第一章　波乱の生涯

（一話）義重所用 黒塗紺糸威具足（秋田市立佐竹史料館蔵）
川を渡る梵天（大仙市花館）
（二話）神宮寺細谷氏庭園
義重直筆「國」の字（美郷町六郷長明寺蔵）
（三話）玉川小渡し渡船場跡（大仙市花館）
式内社副川神社跡（大仙市神宮寺）
八幡神社（大仙市神宮寺）
（四話）紫島城跡（大仙市長野）
紫島字略図（『中仙町史』通史編）
（五話）佐竹稲荷神社（東京神田、江戸時代初期の佐竹上屋敷跡）
（六話）梅津政景日記（秋田県教育委員会『秋田県の文化財』）
（七話）旧江戸城田安門
（八話）一乗院現景（秋田市川尻）
槙尾山西明寺本堂、同表門（京都市右京区）

仁和寺尊寿院阿證

―数奇な運命を仏道に生きた佐竹氏世子―

序言

十歳にして秋田佐竹氏初代の藩主、佐竹義宣の跡取りを約束された世子《せいし》とされながら、故あって十五歳で廃嫡され、のち京都仁和寺の有力院家である尊寿院を中興され、珍重にも、今にその心情を伝える百首の和歌一巻を遺された阿證上人のことは、これまでは知る人ぞ知る存在であった。

筆者は、上人の生母が筆者が生まれ育ち、今でも家を置いている秋田県大仙市神宮寺の、富裕地主であった細谷氏の出ではないかという地元の脈々たる伝承に導かれ、長年にわたり精力的に上人と細谷氏生母のことを追究してきた。

この間、平成十八年（二〇〇六）秋田市千秋公園内の八幡秋田神社（山本富雄宮司）所蔵の、出家した武将姿の意外な上人肖像が発見され、秋田魁新報紙上にカラーで掲載されて以来、上人の行跡はにわかに注目されることになった。また平成二十四年（二〇一二）は上人の実の父で、秋田県仙北郡美郷町の六郷に居城し、慶長十七年（一六一二）四月没した佐竹義重（義宣父）の遺徳を偲ぶ、没後四百年記念祭が六郷の地で盛大に催行された。他方、上人は義重の遺腹の子として、没後の同年十月の生まれであったので、平成二十四年は上人の生誕四百年でもあった。

このような中、平成二十六年（二〇一四）筆者はささやかながら論考「阿證上人の物語十話—生誕四百年記念—」（『北方風土』67）を発表し、わずかに上人の生誕を記念した。そこでは、これまでも機会あるごとに主張してきたことであるが、少ない先行研究にもかかわらず、上人の生涯に対して何故か一様に「恨み多い人生であった」とする従来の否定的な上人像を批判し、かたがた百首の和歌の読み込みなどから新しい人物像を描き出した。

本書は、そのごの研究成果を入れ、これまでの筆者の研究の集大成を企図し、あわせて関係史資料を体系的に収録するものである。実証的な研究書であると共に上人の生涯を描いた歴史物語でもある。読者は数奇《すうき》な運命を仏道に生きられた上人の生涯が如何なるものであったのか、その出生から遷化《せんげ》にいたる波乱の生涯をつぶさに辿ることができる。またその過程で、これまで暗くイメージされてきた上人像が果たして妥当なものか、上人の心底は那辺にあったのか、さらに進めて廃嫡一件に始まる上人の歴史上の意義は何だったのかなどを改めて検討する。こうして本書では何よりも上人の新しい人物像に触れることができる。

さらにまた和歌一巻の成立から三百六十年余の時間と空間の隔たりにもかかわらず、遺された和歌から仏門に在りながらなお揺れ動く上人の心境を感得することができるはずである。これらは現代に生きるわれわれに、秋田佐竹氏の出自という親近感とともに、必ずや一服の澄明《ちょうめい》な清涼感をもたらすに違いない。

（凡例）

一、上人の称名は幼名が猿若丸・申若丸、北家養子入りで御北、元服によって通称が彦二郎・彦次郎、実名が義直、秋田下向以降に義継（研究六）、出家によって芳揚軒阿證、寂爾（尓）、仁和寺院家の尊寿院中興によって尊寿院、のち上人号の授与によって上人などと変化する。本書では基本的に当該史資料による。

二、辞書によれば、世子（セイシ、大名のあとつぎの子）、世継（ヨツギ、家のあとを継ぐこと・人、「世嗣」とも書く）、嗣子（シシ、「あととりの子」の漢語的表現）、継嗣（ケイシ、「あとつぎ・あととり」の漢語的表現）とある（『新明解国語辞典』）。本来であれば、この用法自体を検証しなければならないが、本書ではそこまでの深入りを避け、基本的に当該史資料によることとし、概ね世子・継嗣を用いる。

三、文中の引用と参考は目次にしたがって、「伝記」は伝記一、伝記二などとし、「特定研究」は研究一、研究二などとし、『梅津政景日記』は『政景日記』と略記し、資料名を記さない年月日条があれば、当日記を指す。

四、掲載する写真は特記がなければ筆者の撮影による。

鎧櫃《よろいびつ》の底から見つかった『芳楊軒君御肖像』。
左上はその箱書の墨書（八幡秋田神社所蔵）
〈出所〉秋田魁新報　平成18年７月11日付

第一章　波乱の生涯

一話　父義重、鷹野に没す

義重の六郷居城

慶長七年（一六〇二）八月常陸《ひたち》から下った佐竹義重は藩主義宣にさきだって秋田入りし、山北三郡の要地とにらんだ六郷城（仙北郡美郷町）に、わずかな家臣団とともに居住した。このとき義重五十六歳であった。翌八年十月旧小野寺氏の残党などによる一揆をよく防ぎ、その後は同地を三郡平治の要地とすべく町割り（街の形成）に専心した。藩政には関与せず、日帰りの鷹狩を指す鷹野《たかの》（放鷹とも）でもっぱら晩年を過ごした。

伊達政宗の伯母で、宝寿院《ほうじゅいん》と称された義重の正室は、当時としては珍しくそれぞれ丈夫に成長した、第一子義宣を先頭に四男一女をもうけていたが、大名妻子の人質策によって、秋田には同行できず、滞在先の京都伏見から江戸へ送られていた。常陸時代の義重が側室を置いたかは未詳だが、正室の宝寿院以外に子をなしていない。秋田に比べてはるかに温暖な常陸に育ち、今や老境のわび住まいとなった義重にとって、六郷の冬は身にこたえる寒さだったに違いない。

最期の鷹野

慶長十七年（一六一二）四月義重は花館村（大仙市花館）の、今で言う雄物川と玉川が合流する付近で鷹野中に落馬落命した。六十六歳であった。このときの様子は元禄十一年（一六九八）藩に提出された黒澤浮木《ふぼく》覚書がよく伝える（付四、抄出）。浮木は当時七十七歳、元惣山奉行。当時六郷で義重に仕えた養父から聞いた可能性があるが、浮木自身が見聞したものではない。

一神宮寺、今舟渡りの川下川端《かわしもかわばた》の、ようの森と申す所で逝去された。

一四月十九日義重公が御日《おんにち》（日帰り）の鷹野へ出て、休処の近くではい鷹を据えたところ、古沼に真鴨《まがも》二羽が居るのを見て、秘蔵の兄鷹《しょう》（雄の大鷹）に据え替えようとして落馬した。（ちなみに雌の大鷹を弟鷹《だい》という。）

一前日飛脚をもって鷹野に呼ばれていた、二男義勝（当時角館城主）、四男宣家（角館白岩城主）ら皆が駈付けたが、はや落命していた。見ると背中に腫《は》れ物があった。

（引用注、元和元年（一六一五）いわゆる一国一城令が出たが、秋田領内では角館城などの破却が元和六年だった。のち宣家は山本郡檜山城代。）

ようの森は柳の森・遥の森とも記され、現在は花館の産土神《うぶすな》である伊豆山神社の鎮座地が揚の森として地名にのこる。この神社に奉納するため毎年二月の祭日に、玉川と合流する直前の雄物川を渡るのが、今では風物詩として全国的にも有名な、「川を渡る梵天《ぼんてん》」である。また両河川の合流地は今にして野鳥の宝庫で、野鳥観察のバイブルとされる仁部《にべ》富之助の大作『野の鳥の生態』（初版一九四一年）の舞台でもある。さらに昭和十六年（一九四一）大河内伝次郎、長谷川一夫、山田五十鈴ら往年の大スターが映画「川中島合戦」の現地ロケを行なった近くでもあり、風光はいたって明媚《めいび》である。

これよりさき一年足らず前の慶長十六年（一六一一）六月、義重は国替え後はじめて江戸へのぼった。久々に宝寿院に会い、腫れ物の治療もした。このとき国御前《くにごぜ》（現地妻）のことで宝寿院と何らかの相談があったかも知れない。滞在は一月半におよび、八月半ば帰国の途についた。これが宝寿院との今生の別れとなった。

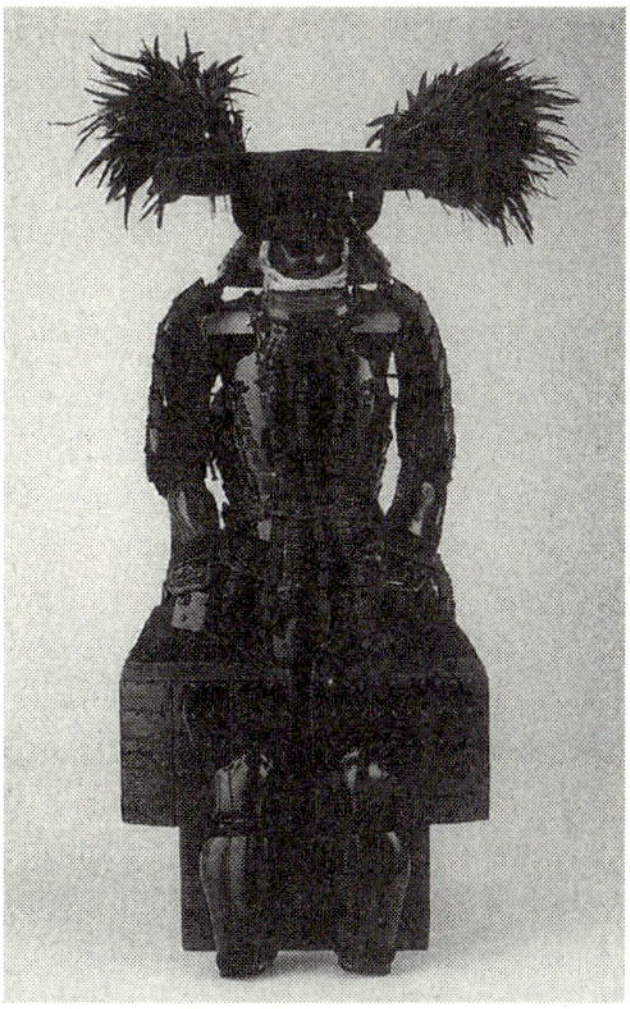

義重所用 黒塗《くろぬり》紺糸《こんし》威《い》具足《ぐそく》
（秋田市立佐竹史料館所蔵）

川を渡る梵天
（大仙市花館）

二話　生母は細谷氏

遺腹の子

慶長十七年（一六一二）四月十九日、父義重が鷹野に没したとき、上人はまだ母の胎中にあった。父没後の同年十月（日不明）遺腹の子として誕生した。幼名は猿若丸《さるわかまる》（申若丸）、のち佐竹北家の養子となってからは御北《おきた》と称された。

義重の深慮

義重は生前、上人の母（御袋）に付け置いた股肱《ここう》の家臣町田備前に対して、「誕生なされ候ハヽ、ころし申せ」と命じてあった。このため誕生早々に備前は藩主義宣に「何と仕《つかまつ》る可きか」と申し上げたところ、「よくそたて申せ」との申し付けであったという（『国典類抄』）。

このような非情な命令は理解に苦しむが、義重とて年若い側室の行く末を案じて、生まれてくる子をふびんに思わなかったはずがない。しかし今さらに側室に子ができることに義重は家中の不安を感じとったのかも知れない。慮外の妊娠であった可能性もある。ここで藩の公式記録集とも言うべき『国典類抄』では、通常見られるような「男子ならば」という限定がない。当時、余命を予感していたに違いない義重には、男子であれ女子であれ、幼児を遺しかねない不安があったのかも知れない。こうして考えたあげく義重は、生殺与奪を一旦義宣に預け、逆に母子の保護を求める道を選択したのであろう。「よくそたて申せ」の一言によって上人はあやうく命を保たれたが、これは長子義宣の性情を知り尽くした義重の智恵であったと見られる。

史料上では

上人の生母が細谷氏であることは、いくつかの史料が伝える。文化十三年（一八一六）佐竹歴世牌子記《れきせいはいしき》（位牌の記録）は、「源山昌永大姉《げんざんしょうえいだいし》　義重の側室細谷氏女《むすめ》」と記してある。箱中文書（伝記四）も側室である。他方、十八世紀初ごろ藩士中村光得らの「御系図草稿」は「母侍女細谷助兵衛某女《なにがしのむすめ》」とし、この記述は享保十二年（一七二七）清書が完成した藩公式の『義重家譜』で採用された。また尊寿院の累代を記録した十七世紀成立の『尊寿院伝記』は「母細谷氏」とする。こうして生母が細谷氏であることは各史料が伝える。

系図上では

秋田藩家蔵文書にある四通の細谷（助兵衛）氏系図を仮にＡＢＣＤとすると、Ａ・Ｂは同文異筆、Cは元禄年間（一六八八〜一七〇四）細谷久平筆、Dは文化二年（一八〇五）細谷形助筆である。Dは当主のみを記し、上人生母の記述は一切ない（付二系図参照）。なお「諸士系図」は「元禄家伝文書」をもとに文政期（一八一八〜一八三〇）に作成されたとする説があるが、必ずしも説どおりでもない（例、D図）。

A図／細谷氏（「諸士系図」）、文政期作成カ
B図／細谷氏（右同）、A図と同文異筆
C図／細谷氏（「元禄家伝文書」）、元禄年間細谷久平筆
D図／源姓細谷氏系図（「諸士系図」）、文化二年細谷形助筆

さてA・Bは細谷助兵衛某の第一子においた女子を、「闐信《てんしん》公侍女芳揚軒阿證母堂」とする。これに対してCは女子を立てず、系図末尾に「芳揚軒様の御袋様憚り乍ら曽祖父助兵衛姉ニ御座成され候」と注書きがある。これに筆者は注目し、この違いは決して単純なものではないと考える。その理由とは、上人の母が本当に細谷助兵衛某の実女であるならば、また久平から見て本当に曾祖父高久（五兵衛）の義姉（高久は養子の故）であるならば、当人（上人生母）が没した正保元年（一六四四）から四十数年後の元禄年間に筆書きした久平は、Cにおいて遠慮せずに、むしろ系図の誇りとして細谷助兵衛某の子の段に

「女《むすめ》」とか「女子《じょし》」を立て、上人の生母とでも記してもよさそうである。にもかかわらずCが女子（母堂）を立てないのは子（芳揚軒）が失脚したからではなく、立てられない事情があったから（養女）と考える。

これに対して、Cに女子（母堂）を立てないのは失脚した嗣子の母堂の故であり、A・Bに女子（母堂）を立てたのは後に上人の評価が高まったからという説が出るかも知れない。一聞するところ尤もらしいが、少し検証するとCが書かれた元禄年中には上人はすでに法印号を授与された高僧であるし、何よりも「御袋様」の称号は「失脚した嗣子の母堂」に付与されるものではない（研究七）。したがって、この反対説は否定されなければならない。これまでは悉《ことごと》くAかB、あるいはCの一系図をもって上人生母は細谷助兵衛女（実女）で決まりとされてきたが、それでは実証的でない。こうした論法に筆者は納得しない。再考すべきであるし、その先には養女の可能性が見えてくる。「御袋様」については研究七で考察する。

ちなみに細谷氏の系図は常陸から秋田へ移転した助兵衛代の前に及んでいない。助兵衛は金銀鉱山の開発を重視した義重に召し抱えられた可能性が高い。鉱山経営や運送に長じた故をもって採用されたと推測される（研究十一）。

助兵衛の家禄と活躍

細谷助兵衛につき、「常陸では八百石、慶長七年（一六〇二）秋田へ供奉《ぐぶ》」（D図）、「慶長七年関東ヨリ御供家士《おとものかし》百石」（『秋田藩分限帳』）と伝える。他方、助兵衛は小野金山や荒川銀山などへの出張や算用（清算兼監査）などで多忙である。また京都秋田間や北陸道をたびたび往来し、とくに元和八年（一六二二）九月には山形最上氏の収公に向かった上使の幕府重役本田正純に対する藩御使として政景と共に山形へ派遣された。大役《たいやく》である。ところが山形に到着した政景に対して、驚愕《きょうがく》すべきことに、幕府御使から正純の宇都宮改易と由利送りという事態が通告され、由利への手配を指示された。これによって助兵衛は直ちに政景から由利および秋田に派遣されるなど、歴史的にも重要な務めを果たした（研究十一）。

神宮寺細谷氏庭園（大正初期）
正面が祇園社、右側が母屋（のち廣正寺へ移転）
（出所）神宮寺淳（細谷純一）『銹屋源太の昔噺し』

義重直筆「國」の字
美郷町六郷長明寺蔵
（出所）没後四百年記念資料
「義重公の遺徳を偲ぶ」

三話　生母の伝承

八幡神社の創建説話

大仙市神宮寺（以下「当地」という）に上人生母は神宮寺細谷氏ではないかという伝承がある。これを筆者は長年地域の歴史研究にかかわった生前の父（明治四十三年生）から何度か聞いた。当地には伝承を生むそれなりの事情がある。

式内社の副川《そいかわ》神社と、それを継承する当地八幡神社の創建説話である。副川神社を開基し社僧になった仁和寺副僧と伝わる鈍運《どんうん》（『月の出羽路』）、二代秀西《しゅうさい》（当地八幡神社の棟札に記名あり）、正平七年（一三五二）当地に遷化した仁和寺菩提院《ぼだいいん》の信西《しんぜい》（「筆者家文書」公表済）ら初期下向と伝わる社僧の実在は、にわかには史実とは認めがたいが、注目すべきは鈍運の仁和寺尊寿院、信西の同菩提院である。

これを考えるに、北奥羽の一神社の創建説話になぜ京洛にある仁和寺山内の尊寿院や菩提院という特定の院名をあげたのか、それなりの理由がなければならない。こうした問いから尊寿院の名は上人の生母が神宮寺細谷氏と関係がある故の、近世初期の仮託の可能性を筆者は思案する。

細谷氏女との接点

藩命をもって大役についた藩士の助兵衛は、妻女および女《むすめ》らと久保田城下に居住したに違いないが、同女と義重の出会いをＡＢＣＤの四ケースで考えてみよう。

Ａ　助兵衛が女を義重の側室として差出した。

Ｂ　久保田城または城下で義重が助兵衛女を見初めて側室とした。

Ｃ　神宮寺渡しで義重が神宮寺細谷氏女を見初めて所望した。

Ｄ　六郷城に身辺奉公に出た神宮寺細谷氏女を義重が妊《はら》ませた。

Ａは老境の義重の身辺に特別の女性を必要とし、何らかの事情から助兵衛が実女を側女として差出したケースだが、隠然たる宝寿院の存在を考えれば、義重の最後の江戸登りで宝寿院と話し合われた可能性がある国御前の一件が気になる。Ｂは久保田府に出向くことが少なかった義重が助兵衛女を見初めたとすれば、久保田城内であれば助兵衛女が城中に奉公に出ていなければならず、城下であれば義重が助兵衛邸を訪ねたことがなければならず、なかなか想定が難しい。Ｃは鷹野で再々往来した神宮寺渡しで茶屋の接待に出ていた細谷氏女を義重が見初めて所望したケースであり、Ｄは老境の義重の身辺奉公に出た細谷氏女が図らずも妊娠したケースである。これらの優劣を史料上では判別できないが、筆者の心情と四囲の情況から按ずればＡＢケースよりもＣＤケースに軍配を上げたい。

さらにＣＤケースのうち、Ｃは史筆からやや離れるが、鷹野に出た義重と茶屋の接待に出た神宮寺細谷氏女の出会いが想像され、ロマンがあっていい。当初私見はＣケースに傾いていたが、その後再考し、Ｄケースが実際に起こった可能性が高いのではないかと思う。神宮寺渡しの縁か神宮寺細谷氏と関係があった澁江氏の斡旋で、細谷氏女が六郷城の義重身辺の奉公に出たと考えてよい。義重が細谷氏女と接して妊ましたのは六十三歳十カ月である。当時の寿命を考えれば珍重である。この一件は江戸に出た義重が正妻宝寿院と逢い、最後の別れとなって以降のことである。

さて細谷氏女は若くて美人だったと考えると愉しいが、出戻りか経産婦だった可能性も否定できない。一つは義重の身辺奉公であれば相応の経験を要すること、二つは老齢の義重と接してよく妊娠したこと、三つは寛永二年（一六二五、彦二郎十四歳）傅役《もりやく》辞任や算用一件で家老の半右衛門に御振舞し（政景陪席）、藩主義宣への執り成しを依頼したことなどから推せば、当時相応の年齢だったと推察される。

神宮寺細谷氏

伝承によれば、神宮寺細谷氏は文和三年（一三五四）加賀国より当地に落ち来った冨樫氏一行に随従した。そして慶長八年（一六〇三）の検地では藩重役の澁江内膳が代々孫兵衛を襲名した当地細谷氏に滞在したと伝える。これ以降、澁江氏は当地に累代知行地をもち、今に名をとどめる澁江堰《しぶえぜき》によって新田開発をすすめた。ここから義重と助兵衛を結んだのが澁江内膳の可能性が出てくる。ただし助兵衛と神宮寺細谷氏は同姓であるが、その関係は分からない（研究十二）。

後見と格式

生まれたなら「ころし申せ」という義重の命令も、義重にとっては予期せぬ妊娠であった故であったかも知れない。子がなければ事実上の側女に留め置いてよいという思案がなかったとは言えない。しかし義重は胎中の子を残して突然逝ってしまった。こうした情況で義重の生存中であれば、生母が神宮寺細谷氏女であっても何の問題もないが、没後であれば相応の後見と格式を整える必要があったに違いない。特に上人母子が早々に久保田の北家長野邸に引き取られたとすれば（四話）、その必要は欠かせなかったであろう。

では何故細谷助兵衛が養女先に選ばれたのだろうか。当時有力藩士として活躍中で、仙北に出入りし、常陸時代に仕官したとすれば義重に重用され、義重の没後上人母子の行く末を差配したに違いない義重股肱の臣田中隆定と昵懇《じっこん》だったと考えられ、そのことが主因ではなかったかと推察する。このほか同姓である、累代格式の家門ではないが（正室に対する遠慮)、さりとて軽輩でもない、また助兵衛は山形城の収公で仕えた政景(研究十一)や、さらに藩主義宣の覚えが良かったという事情もあったであろう。こうして史料上の明拠はないが、有力士分の細谷助兵衛に養女入りさせ、系図上助兵衛女とした可能性が浮き出てくる。

玉川小渡し渡船場跡(大仙市花館)
神宮寺渡しは大渡し、小渡しの二つの渡しがあった。当時の両渡しはもっと上流にあった。

式内社　副川神社跡（大仙市神宮寺）
神宮寺嶽山道入口

八幡神社（大仙市神宮寺）
旧鳥居から例大祭中の拝殿をのぞむ

四話　佐竹北家を継ぐ

北家を継ぐ

慶長七年（一六〇二）義宣に従って秋田に移転した、佐竹氏連枝の筆頭格に当たる北家当主の北又七郎義廉《よしかど》は、仙北郡長野の紫島城《むらさきじまじょう》に居城を命じられ、当初の知行所は長野村（旧中仙町の内）、今泉村（旧太田町の内）、黒沢村（同）の三ケ村で、当高三千六百石であった。紫島城は義重の六郷城に近く、実際は千軍万馬の義重が後見する関係であったと推察される。こうして義重没後の六郷城の廃却に伴い、義廉は久保田の長野邸へ転住した（『新編佐竹氏系図』）。慶長十九年（一六一四）九月義廉は義宣に従って大坂冬の陣に出陣したが、このとき義廉二十三歳、室の佐竹義種（南家）女《むすめ》は十五歳であった。二人にまだ子がなく、嫡子不在を怖れた義宣は、北家と義重との浅からぬ関係に着目し、申若丸を養子に仕立てた可能性があるが、時季については再論を要する。不幸にも懸念が的中し、同年十一月義廉は行軍途上の遠州掛川で病没した。

申若丸の生地がどこかを伝える史料はない。生母細谷氏が細谷助兵衛の実女であれば秋田藩士が集中居住した久保田であろうが、筆者が推察する神宮寺細谷孫兵衛家の出であれば神宮寺ということになる。いずれにしても慶長十七年（一六一二）四月義重の逝去によって、生母細谷氏は名残を惜しみつつ、産み月に先立って六郷城を退去したに違いない。生誕後、義宣から「よく育て申せ」と言い渡されて、危うく命を保たれた申若丸は故義重と北家との特別の関係から、早々に生母と共に北家の久保田の長野邸に引き取られと推察される。

さて諸資料は「天英公（義宣）命じて義廉の嗣となす」と伝えるので、一見では義廉の生存中に養子縁組が成立したと受けとめられるが、義廉が出陣した慶長十九年（一六一四）九月であれば、申若丸は満二歳に少し満たない乳児である。これではこの先丈夫に育つか不安があったし、年若い義廉と室の間にやがて子が生まれる期待も高かったであろうから、縁組まで進んだとは考えにくい。ところが十五歳で未亡人となった義廉室は、元和四年（一六一八）十二月向豊前重政に再婚している（『新編佐竹七家系図』、『佐竹家譜』上）。この再婚で義廉室が北家を出るに当たって、義宣の配意によって申若丸が故義廉の嗣となったと考えるのが現実的である。そうであれば、申若丸は七歳で佐竹北家を継ぎ、以降当主として引き続き久保田の長野邸で大事に養育されたことになる（注）。

（注）義廉室は再婚せず、承応二年（一六五三）四月逝去まで長野紫島に住したとする説があるがとらない。

出仕

元和五年（一六一九、八歳）一月、（久保田）御城での正月嘉例《かれい》の儀に「御北《おきた》、晩の御出仕也」とある（同二日条）。満年令で六歳三カ月、これが出仕の初出である。このとき佐竹北家の又七郎義廉の名跡を継いでいたことを伝える。また同年十二月、藩重役の政景が歳暮の御礼として御北、天徳寺、社務（一乗院）、宝鏡院の順で廻って帰った（同三十一日条）。北家当主に対する御礼である。このとき御北は久保田府に在住であったことが判る。

家臣の出府

同じく元和五年六月、物書不足の応援のため御北下の太田新兵衛を上洛させ（同十八日条）、また同年十二月、年頭の御使として江戸へ御北より石川蔵人を上らせた（同五日条）。太田、石川は御北の有力家臣であったろうが、物書で抜擢され、京へ派遣された家臣が居たことになる（なお『中仙町史』通史編があげる、義廉の秋田下向に随従した侍三十二名歩行七名中の侍に石川がいるが、太田は見えない。但し侍中の太田九左衛門、同子吉之丞との異同は不明）。

平安なる日常

元和六年（一六二〇、九歳）正月、角館より御手柄ノ由候て、太いぬ一匹下され候（同二十四日条）とある。これに付された山口啓二氏翻刻の注どおりであれば、義直（のち上人）は政景に所獲の太いぬ一匹を贈ったことになる。ただし角館を北家義直とする点と、太いぬとは大いぬであるとして、狼を指すとしてよいか後考を要する（研究八）。他方同年三月、男鹿女川浜でとれ台所へ着いた鯨肉を政景から頒《わか》たれる日常があった（同十四日条）。

長徳寺の御目見

菅江真澄が『月の出羽路』仙北二四に収録した、久米山長徳寺（大仙市長野）の由緒記録によれば、北家の申若は長徳寺宥尊に度々御目見を命じ、佐竹氏世子となって以降も宥尊後住の一明院に御目見を命じ、御盃頂戴を取らせたという。なお長徳寺は常州北家の鎮守久米の愛宕山の別当で、慶長七年（一六〇二）宥尊が北家に供奉し、当国に下ったと伝える。

御北ノ申若様、彦二郎義継公ノ御事也より宥尊度々御目見仰付けられ、御由緒を以て御本家様へ入りさせられ候後も、後住一明院後号大聖院御目見仰付けられ、御盃頂戴仕り候（読み下し）

紫島城跡（大仙市長野）

今は附近の橋銘板に「むらさきじまはし」が残るのみ。

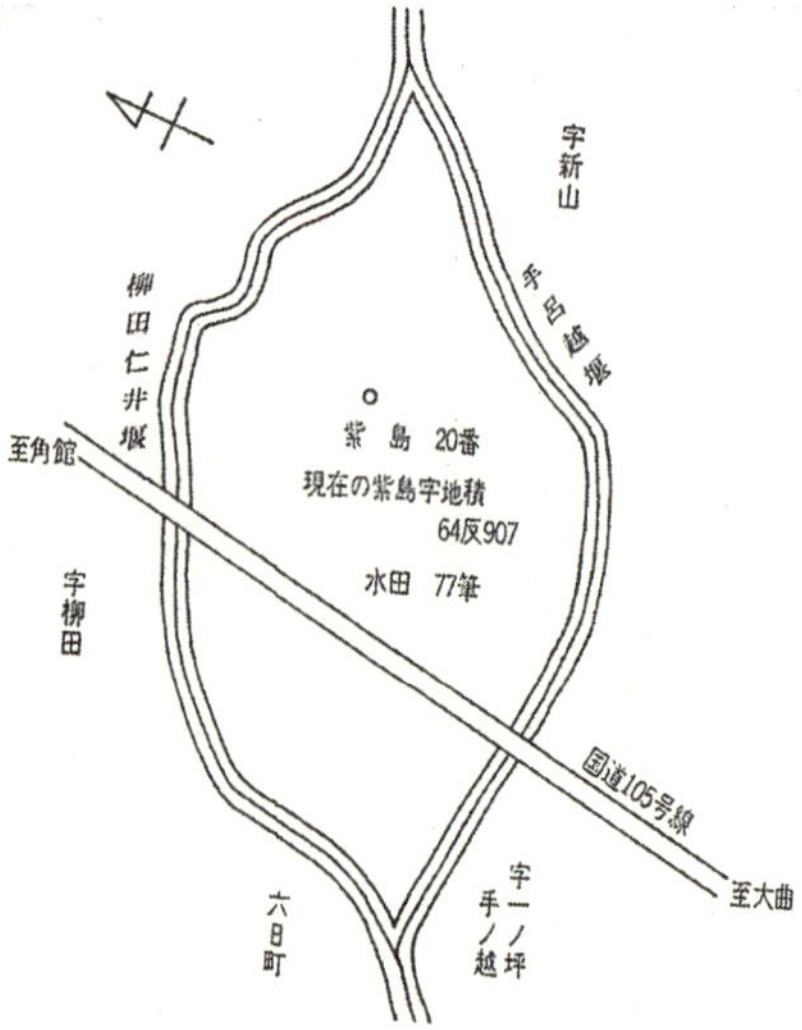

紫島字略図（昭和54年現在）（出所）（『中仙町史』通史編）

五話　義宣の世子となる

養子となる

元和六年（一六二〇）四月から翌年二月まで在国した義宣は、この間、家中から強く継嗣の決断を建言されたに違いない。人生五十年と称されたこの当時、義宣はすでに五十歳を超えていた上、慶長四年（一五九九）生れの男子が翌年二歳にして没し（五歳にして没とも云う）、以降は子運に恵まれず、また当時は天下堂々の病いであった花柳病の故に実子が望めなくなっていたとも伝わる。さらに頑健であった身体にも、この頃は「去年よりのすばく（注）此中《このうち》は散々に成候」とか「何を喰候ても少な過ぎ候へば腹が引はり候て散々」（『義宣家譜』元和七年六月十五日条）と不安が出ていた。継嗣が定まらない事態は家中挙げての心配事であった。かくして義宣は当帰国中に養子縁組によって世子を得ることを決意し、異母末弟の御北が十歳になるのを目処《めど》に養子とすることを最終決断したに違いない。

（注）寸白（スバク）。条虫・回虫などの人体の寄生虫、又はそれによって起こる病気。又は、（これらによると考えられた）生殖器の病気の総称（デジタル大辞泉）。ここでは義宣持病の花柳病を指すか。

ちなみに、この元和六年の年末時点で見ると、養子候補となり得る義宣の近親で、生存中の実弟と甥は、直弟で角館所預の蘆名義勝（四十六歳）、二弟の故貞隆の長男で同年父の遺領信州川中島を継いだ岩城昌隆（十二歳、のち吉隆）、三弟で山本郡檜山城代の佐竹宣家（三十七歳）と限られていた。この中で異腹ではあるが、佐竹氏以外を名乗ったことがなく、今後の調教次第では宗家襲封の成長を見込めるとして、年若い御北を当てたのであろう（ところがやがて思わぬ事態となる）。

初出府、元服

元和七年（一六二一、十歳）六月、将軍秀忠が七月駿河へ御出、八月上洛の風聞を得た江戸参勤中の義宣は、北家を出て久保田城に移っていた猿若丸を急いで江戸へ登らせるよう国元へ急報した。秀忠の上洛前が元服、目見得《めみえ》の好機とみたからである。義宣の指示どおり、急報到着三日後の六月十七日、猿若丸は慌ただしく出立した。前日、猿若丸は藩重役の向重政邸に首途《かどで》し、これに同じく藩重役の半右衛門と政景が御供した。さらに当日は政景が境（大仙市協和）まで御供した。また「温気の時分」を理由に医師の横尾碩庵《せきあん》の同行を命じた義宣の温情ある指示によって、碩庵が江戸まで随行した。江戸に上った猿若丸は、江戸到着早々の七月七日元服し、彦二郎義直と名乗った。元服の儀は江戸藩邸の上屋敷で行なわれたと推察されるが、場所を含め委細は伝わらない。

栄光の出仕

元和七年（一六二一、十歳）十月十日、彦二郎殿登城の儀は太炊殿（老中土井利勝）の披露によって、公方様《くぼう》（将軍秀忠）は祝着に思《おぼ》し召され、出仕の儀は何時成り共こなた（此方）次第という内意が伝えられた。かくして十一月十四日、将軍秀忠に閲し、ついで幕府年寄衆へ回礼した。これに付き（彦二郎殿）御《お》仕合《しあわ》せに思し召す如しと伝える。ついで翌八年（一六二二、十一歳）一月大納言（家光）に、さらに同十年（一六二四、十三歳）一月、これよりさき元和九年七月将軍職についていた西丸（家光）に長はかまにて御出、再度出仕した。これによって彦二郎は跡目の地位が公認され、世子とも継嗣ともなった。さらに寛永三年（一六二六、十五歳）三月、彦二郎は政景の御供で幕府の政治指南役であった南光（天海）僧正へ出向いた。

江戸屋敷

元和七年九月、江戸における彦二郎配下の人数は侍上下二十九人、台所十二人、馬添五人、小人《こにん》（雑役）九人、夫丸《ぶまる》（人夫）六人、計六十一人であった（同二十五日条）。同年九月、政景はこれらの内江戸に上った主立った五ないし六人に振舞を致し（同三日条）、翌々日残りの士卒に振舞をするなど細かな心遣いをした。他方、同年十一月、江戸に御供した前述の医師碩庵は「六月より只今迄六ケ月になった」という義宣の指示で帰された（同一日条）。また八年三月、御台様（義宣室）の下女と江戸残留の下女各一人が「彦二郎殿台所ニて遣え」とされた（同二十七日条）。

元和七年九月、江戸邸におけるその他の人数は（義宣）御供の給人上下五百三人、台所百人、夫丸七十七人、馬添・かち（徒）六十人、足軽・小人・馬屋衆三百十六人、また御袋様・御台様夫丸五人、御屋地常扶持方（江戸常詰）百三人であった。彦二郎配下を加えると、合計千二百二十五人であった（同二十五日条）。常扶持方《じょうふちかた》以外はすべて秋田から上った人々であった。

さて御能一件の翌日、政景は下屋敷に参り、秋田に下すという義宣の命令を義直に伝えたことは後述するが（寛永三年三月二十二日条）、これによって当時義直が下屋敷に居住したことが明らかである。この頃、久保田藩の江戸邸は江戸城に近い神田諏訪町の上屋敷、浅草に近い下谷の中屋敷と、浅草鳥越の下屋敷であったという（渡部景一『続 梅津政景日記読本』）。ところが、「義隆浅草屋敷徒移」（寛永三／一六二六年十一月）、「（義宣）

浅草宅地に赴き普請見分」(寛永七/一六三〇年八月)、「義隆浅草新宅に徙移」(同年九月)、「神田の邸の代地として下谷に於いて邸地を賜う」(貞享二年/一六八五年四月)と伝える(『佐竹家譜』)。彦二郎を訪ねた下屋敷は義隆が徙移した浅草屋敷と同じかなど今後の研究を要する。

佐竹稲荷神社
(東京都千代田区神田旭町、江戸時代初期の佐竹上屋敷跡)

六話　未熟と不興

馬を所望

元和七年（一六二一）十月、江戸へ上って早々の彦二郎が政景の鹿毛《かげ》（毛並が茶色の馬）を気に入ったので政景は即進上（同二十二日条）、翌日彦二郎から秋田より登らせていた別の鹿毛が政景へ贈られた（同二十三日条）。また寛永二年（一六二五、十四歳）五月、彦次郎から馬の御用に付いて御状を下され（同二日条）、彦次郎のため半右衛門が江戸留守居の信田兵部の栗毛《くりげ》（毛並が栗色の馬）を買う一件があった（六月一日条）。このように彦次郎は若年にして馬に関心をもったが、家臣の馬を所望する未熟さが伝わる。

日常

元和七年七月、江戸より帰国した細谷助兵が翌日朝政景を訪ね、彦二郎より託された反物一つを届け、江戸は無事の旨を伝えた（同二十二日条）。元和八年（一六二二、十一歳）二月、彦二郎は家光傅役《もりやく》の青山忠俊（常陸江戸崎城主から当時武蔵岩槻城主）を見舞いされた（同三日条）。同八年二月、相馬利胤（相馬中村藩主）が彦二郎殿へ御出でになったので、政景らも参った（同二十九日条）。同十年（一六二四、十三歳）二月、京に戻るため江戸を発した、京詰藩士の山下惣左衛門と京の御用商人二人に対して義宣から銀子、彦二郎から銀子または小袖が贈られた(同四日条)。これは藩主と世子の対応である。寛永元年(一六二四、改元二月三十日)三月、御虫が出たので御きう(灸)をされた(同二十七日条)。元年九月、政景が下国のため江戸を発して越谷に至った折、四郎二郎様(岩城吉隆)と彦二郎殿に謁した(同三日条)。この時両人が越谷に居たのは義宣の放鷹に随従したと推察される。ただし、この「様」「殿」の書きぶりと順序は異様で後考する(研究五)。また元年十二月、下国中の政景は使者に託して御袋様(義宣母)・彦二郎様・四郎次郎様(岩城吉隆)・御台様(義宣室)へ歳暮を差し上げた(同十一日条)。これらは日常の記録である。

疑念

元和十年二月、異腹の姉の高倉永慶室から義直に下緒《したお》(下紐カ)三具(揃い)が贈られた。樽と肴のお返しを政景が進言し、銀子二枚が遣わされた(同四日条)。これが永慶室との初の贈答であったと伝わるが、義直の元服・目見得からおよそ三年の経過である。祝賀であれば遅すぎる感がする。異腹の継嗣にこだわったとする詮索は過分であろうか。また十年二月、矢野憲重の跡式相続を問われた彦二郎は(実際は家臣団であろう)、憲重が言い置いた子の勘七は若輩なので駄目としたが、政景が屋形様（義宣）へ申し上げたところ勘七に下し置かれた。彦二郎の判断に違和感があったに違いないが、異なる決裁は異常である（同十三日条）。

傅役一件

寛永元年（一六二四、十三歳）七月、義宣は佐竹氏の準分流で、名の一字を与えたほど信頼を置いた岡本蔵人宣綱を秋田から呼び寄せ、彦二郎の傅役《もりやく》とした（同五日条、出府発途）。義宣は宣綱に対して、「嗣《し》たらしめんも、亦嗣たらざらしめんも唯《ただ》汝に任す」と言ったという（「岡本氏系譜」）。しかし真相は不明だが、彦二郎は常に仏像を刻《きざ》み、仏書に耽《ふけ》り、宣綱の諫言《かんげん》を聞かなかったとする見立てがある。このため宣綱は翌二年二月、病と称して帰国し（同二十四日条、秋田下向）、短刀をもって股を刺傷して辞任した。この一件はのちに誇張された表現となった可能性があるが、若年から仏道に関心を寄せたことを伝える。なお二月十六日条に「蔵人妻卒す、産前たりと云」とあるが、これとの関係は判らない。

振舞い

当時食事やお茶、御能などによる持て成しを振舞いと称したが、主従間や臣相互の日常的な儀礼だった。寛永元年（一六二四、十三歳）八月、朝彦二郎様へ御振舞にて（政景が）参り候（同七日条）、寛永三年（一六二六、十五歳）三月、晩彦二郎様へ御振舞下され（政景が）罷り上り候（同十一日条）と伝える。この間、注目すべきは寛永二年（一六二五、十四歳）七月、彦二郎様御袋にて半右衛門（憲忠）に御振舞い有り、拙者（秋田に在った政景）にも参り候（同九日条）である。この振舞いは彦二郎母の細谷氏が傅役辞退や後述する台所算用、検地などの諸案件（研究四）につき義宣への取り成しを依頼し、今後の対応策を相談したものと推察される。

梅津政景日記
（出所）秋田県教育委員会『秋田県の文化財』

七話　故ありて廃嫡

寛永三年（一六二六、十五歳）三月二十一日、江戸城本丸で能楽（猿楽とも、当時は未分離）の催しがあり、彦二郎は義宣に連れられて登城し陪覧した。早朝に登城し、春の陽気のなか、御能九番の興行はかなりの長時間に及んだであろう。これから帰った義宣は腹を立てて政景に命じた（『政景日記』同日条）。

兼々《かねがね》不届きに思ってきたが、今日いよいよ見限ったので、（彦二郎を）秋田へ下すようにいたせ。

その理由を『政景日記』は何も記していないが、『佐竹家譜』（同日条）はいう。

古老伝て云。今日営中に於て猿楽の内、（彦二郎）眠に就く。伊達政宗傍《かたわら》に在て義宣の膝を擁して是を告ぐ。

これから推察するに、兼ねて不届きと思っていた彦二郎の失態をこともあろうに政宗に指摘された義宣は日頃の不満を爆発させたらしい。ただし、この居眠り一件については後考を要する(研究二)。この直後に義宣が国元家老の梅津半右衛門に宛てた急報は、彦次郎の日ごろの性状に対する不満が綴られている(『佐竹家譜』三月二十五日条)。この点も字義どおりとしてよいか、また「ぼれたる」の内実について、右急報の原文写を引載した上で後考する(研究三)。

彦次郎が儀、色々情を入れ、かつ又色々申し聞かせたが、しゅしやうかいなく生まれ候故か、次第々々にぼれたるなりに而候(抄出)

経過は以上のとおりだが、要は、世子とした彦二郎の行状や性状に日ごろ不安や不満を抱いていた義宣が御能観覧における彦二郎の行状によって怒りを爆発させ、秋田への下国と勘当を同時に決意したことである。この勘当は当然ながら離縁とその先の廃嫡を伴うものであった。経過を『政景日記』によって丹念に見てみよう。

三月二十一日、おそらく夕刻、江戸城の御能観覧から戻った義宣から、「今日いよいよ見限った」「秋田へ下すようにいたせ」と命じられた政景は、「其の段を彦二郎殿へ申し上げ」「この御意は変えようがない」とご挨拶された(同日条)。ところが、すでに大御所と将軍に謁して世子の座にあった彦二郎を幕府に無断で勘当して下国させることに対して、夜分から少し冷静になった義宣は、幕府の意向を確かめる必要に気付いたに違いない。この幕府意向の忖度《そんたく》は当時少なからぬ大名に改易処分が下されていた時代であって見れば、無理からぬことであった。

こうして翌二十二日朝、きっと朝を待ちきれずに、義宣は当時幕府と久保田藩の取次役にあった嶋田弾正（利正）宅を訪ね、さらに「昨日の（御能の）御礼」と称して、本丸へ登城し、幕閣の酒井雅楽《うた》（忠清）・酒井讃岐《さぬき》（忠世）を訪ねたが、雅楽はいまだ登城せず、讃岐は病いで出仕せずだったので、政景が両所への御使に参らされた。この間は義宣にとって余程の緊迫の時間帯であったろう。戻った政景が両所の返事を伝えると、義宣の仰せには、「彦二郎の処置を弾正殿へお諮《はか》りすると、御見当（ここでは勘当下国の意ヵ）の外ない」とのことだった。義宣はよほど安堵したに違いない。こうして「明日出立させ秋田へ下す」が決し、その旨を政景は義宣から命じられた。

翌二十三日朝、嶋田弾正が御出でになられ、「彦二郎殿の様子（処置）を大炊殿と雅楽殿まで上申し（内意を得た）」とのことで、彦二郎は今夜の内に出立された。この日、すかさず義宣は面識がなかった土井大炊《おおい》（老中、当時幕閣最高実力者）の御息を初めて訪ね、葦毛の馬と豪華な馬飾り一式を贈り、大炊が「大満足ニて振舞有り」となった。義宣の老中工作が奏功したことになる。こうした経過を見ると、研究二で取り上げる「廃嫡一件の「本質」」であるが、義宣が当初から画策したものでないことがよく判るというものである。

ちなみに、一書（平成十六年刊）の年表に「寛永三（一六二六）佐竹義継（申若丸）、宗家より養子破棄される」となった一件は「義宣奥方の策謀と伝う」という記述を見るが、これを伝える資料は示されておらず、また当時継室であった多賀谷重経女がそのような策謀が可能な状況でもなかったので、この所見はとらない。

旧江戸城田安門（北の丸北部）
寛永13年（1636）構築、当時に近い旧江戸城最古の建築遺構

八話　専心仏道修行す

下国、一乗院に入る

寛永三年（一六二六、十五歳）三月、彦二郎を秋田へ下した直後の同二十五日付け、義宣が国元家老の半右衛門へ宛てた急報が伝える（付三）。

一乗院の弟子にし、かみ（髪）をそらせよ。二十人扶持《ふち》を遣わすが、その外は何にも構《かま》ってはならない。

これよりさき三月二十四日夜、彦二郎を秋田へ下す旨を伝える飛脚が江戸を発し、四月二日午後久保田に参着、さらに三日付半右衛門の御請（書）が四月九日午後、江戸に到着した（四月九日条）。この時の飛脚はおよそ下り九日、上り六日である。彦二郎の秋田下向に付き国元に通知し、国元に請書を出させたことが判る。火急ではあるが用意周到である。こうして四月十日秋田に着いた彦二郎は真言宗の一乗院に入り（翌十一日カ）、義宣の命に従って剃髪し謹慎の日々となった。こののち世嗣時代の実名である義直が憚られたか、新たに義継を名乗った（研究六）。

一乗院とは佐竹氏に従って常陸から秋田へ移転し、当時久保田城下寺町にあった真言宗の寺院で、もとは正八幡社（もと常陸太田若宮八幡宮）の別当であった。同じく常陸から秋田へ移転し、久保田城近くにあった宝鏡院と共に秋田真言宗を二分した有力寺院である。元禄十年（一六九七）一乗院十世義堂が誌した「一乗院来由」によれば、一乗院三世の宥義は大八幡社（もと常陸太田馬場八幡宮）別当の光明院を兼務していたが、大和国長谷寺小池坊《しょうちぼう》に移ったあと一乗院に後住がなく、そのあと一乗院へ入院し四世となったのが光明院の宥増であった。宥増の代に秋田へ移転した。

なお、一説では義継は一乗院で宥増に従ったとする（例、『密教大辞典』）。ところが宥増は元和七年（一六二一）九月遷化を伝えるので（『政景日記』）、何らかの誤認があるはずだが、この説が出た理由は不明である。ちなみに宥義は佐竹北家の出で、義継の養父義廉の祖父義斯の弟に当り、のち家康に見込まれて豊山派能化職《ぶざんはのうけしき》となり、宗教行政で辣腕をふるった。両僧はいずれも佐竹氏と関係が深い真言宗の傑僧であった（注）。

（注）小稿「近世初期真言宗傑僧宥義・宥増の物語」『北方風土』50、二〇〇五年七月。ただし神女鶴家文書によって正八幡社別当は当初から金乗院とする説があり、なお研究を要する（渋谷鐵五郎『正八幡母系神女鶴女』上下）。

高野入山を歎願

それから二年三カ月を経た寛永五年（一六二八、十七歳）七月、当時在秋田の政景は、「半右衛門所へ参り、彦二郎殿御詫言《おわびごと》の談合致し候」と記し（同十四日条）、政景が憲忠を訪ね、彦二郎の（不行儀を詫びてヵ）高野入山の歎願を相談したことを伝える。このとき憲忠は政景に江戸に着いたら、「彦次郎義直の高野参詣の願いを（義宣に）宜しく話せ」と指示した（「義宣家譜」同日条）。こうして政景は「彦二郎殿高野へ御上り有り度き由御詫言の儀」を申し上げたところ、（義宣から）「御心得の、御意ニ候」と許可が下され（政景日記・国典類抄、八月一日条）、この後は合力はできないと念押しされた（同八月三日条）。この一件につき、「義宣家譜」は高野参詣とするが、筆者は修行を目的とした高野入山が適当と考える（付三）。

京都の第に滞在

寛永五年（一六二八）上京した彦二郎はなぜか高野山には直行せず、京都の佐竹邸に滞在した。洛に潜入し其の第《てい》（四条柳馬場に在り）に居ること有年。一に仏乗に帰心し、夙《しゃく》夜《や》（朝早くから夜遅くまで）崇《あが》め奉《まつ》る（伝記一）。

この間、寛永十年（一六三三、二十二歳）一月、勘当されたとはいえ頼みとする異母兄の藩主義宣が江戸に没し（年六十四）、これに続いて同年三月、彦二郎の心情に通じていたに違いない政景が秋田に没し（年五十三）、同年同月（寛永十年三月）、甥の義隆（二十五歳）が家督を継ぎ、佐竹宗家は新体制となった。翌寛永十一年（一六三四、二十三歳）十二月、彦次郎は一度江戸へ下ったが（『国典類抄』）、これが何のためだったかは判らない。

槙尾で出家、修行

その後いかなる仏縁かは不詳だが、彦二郎は洛西の槙尾山《まきのおさん》（西明寺）に登って修行された。『尊寿院伝記』（伝記一）は伝える。

洛西槙尾の山に登り、三帰五戒《さんきごかい》を受く（出家者の初期修行）。或いは仏名会に詣で終夜千仏名を礼《らい》す。また諸仏像千体の製作を悲願し、道俗に結縁《けちえん》す。また伽藍《がらん》毎に建立せし宝篋印塔《ほうきょういんとう》は数基。

こうした経過を経て、寛永十五年（一六三八）二月、彦二郎は槙尾比丘《まきのおびく》の行空大徳《ぎょうくうだいとく》に随って落髪染衣《らくはつせんい》した。時に二十七歳、すでに仏門に入っていたが、この時が正式の出家であった。このとき芳揚軒《ほうようけん》阿證を号し、寂尓《じゃくに》と称した。槙尾山西明寺とは弘法大師高弟の智泉が高尾山神護寺の別院として創建し、同神護寺、栂尾山（とがのおさん）高山寺と並んで、三尾（さんび）の名刹と称される真言宗大覚寺派の寺院である。

ところで、「御出家以後秋田へ御下、暫らく御座成され」「其の後山城音滝と申す処ニも暫らく御座成され」とも伝える（伝記三）。前段が寛永十五年の出家以後であれば、後段の音滝（音滝川の上流が三尾）に御座と前後し、理解に苦しむが、いずれにしても、この頃までは、在京の佐竹邸から「執行に御出成され候由」（伝記三）と伝える。なお「秋田へ御下」は明らかでないが、正保元年（一六四四、三十三歳）母細谷氏の死去と関係するかも知れない。

一乗院現景（秋田市川尻）

槙尾山西明寺本堂（京都市右京区）

同表門（紅葉の時季）

西明寺資料より

九話　作仏歌道に傾倒す

仏像の制作

上人は十代早々にして仏像の制作に励んだ（六話、傳宣綱一件）。それが兄義宣の不興を買う一因になったが、生涯を通して仏像制作に取り組んだようである。その一部が今に秋田に伝わる。上人が制作を悲願された千体仏の一部のようである。

①横手正光院千躰佛八、尊寿院芳揚軒阿證法印様御自作にて、御末期ニ菩提のため御寄附（『伊頭園茶話』）。

明治三十六年正光院と千躰佛が焼失、のち昭和五年観音寺（横手市本町）に新たに千躰地蔵菩薩像が奉安された（川越雄助「阿證上人と千躰地蔵」『横手郷土史』七十一号）。

②羽後町三輪神社

大日如来一体、御室《おむろ》尊寿院様千体仏之内（佐々木義一郎氏調、後述）。

③沼館村宝竜権現社

大日如来の泥像《でいぞう》の裡《うち》に、「寄進仁和寺、慶安二、正（月）廿八、阿證敬白」（『雪の出羽路』平鹿郡二）。

④旧昭和町照明寺
厨子《ずし》入《いり》両界大日如来座像（「寄進仁和寺」）、阿證作と伝わる（写真後掲）。
⑤坂井田村大神宮
社僧の修験快蔵院の重宝に「仁和寺ノ宮作の泥土の観世音一躯」（『雪の出羽路』平鹿郡一）。上人の作であろうか。
⑥上溝村中野旧家佐藤長兵衛
「尊寿院僧正御房御報」（『雪の出羽路』平鹿郡三）。ここには尊寿院僧正（阿證とは限らないが）の書状があったのであろう。
⑦大曲仙北地区個人蔵
平成二十八年六月御仏像を拝し、御仏像と昭和十三年日記のウラ表紙内側に記した当時の当主の覚書を撮影する僥倖に恵まれた。記して感謝したい。覚書によれば、「芳揚軒阿證義継侯が千座の護摩を焚いて作り仁和寺に寄進した千体佛の一つ、右佛像は角館町佐竹男爵家に一基あり、我家の佛壇に一基あり」と記されている（写真後掲）。なお前段の男爵家云々は不詳。

歌道に精進

かたがた上人は歌道に精進した。上人の歌作がいつの年代に始まったかは不明であるが、今に伝わる和歌は在俗（二十七歳の正式出家まで）を感得させる歌は一つもない。いずれも仏門に入って以降、それも一定の年数を経て、仏僧として花鳥風月に心を遣うゆとりが出来て以降ではないかと推察される（但し義直名のある後掲春日詠はすでにこの趣きがある。78頁参照）。

秋田魁新報や秋田文芸界で活躍された安藤和風（慶応二年一八六六～昭和十一年一九三六）は、諸資料から得たらしい歌七首を当時の地元総合誌『秋田』昭和十年（一九三五）五月号に発表し、ついで秋田県立図書館に所蔵と聞いて借覧した和歌百首から三十一首を引いて、秋田魁新報紙の昭和十年五月十一日付に発表した。これが奇しくも和風の最晩年の研究となった。

こうした先行研究をもとに、平成十二年（二〇〇〇）筆者は上人の和歌百首を収めた巻物一巻を調査し、その成果は秋田の歴史文芸誌『叢園』平成十三年（二〇〇一）初春号と翌年初夏号に掲載された。これによって百首が初めて世に出た。全百首とそれ以外に知られる若干首は解説を付して後掲するが（第二章）、ここでは筆者が選択した印象的な七首を見てみよう（番号は百首中の掲出順）。

07　春の来ししるしも見えぬ山本の　三輪の神杉霞込めつゝ

（注）山本は山北郡、三輪は羽後町三輪神社をさすか。別当吉祥院は仁和寺流（のち直末）。

京洛に向かう途中立ち寄った往時を回想したものか。

11　冬の夜の寝覚めに聞きし鐘の音は　何とはなしに物ぞ哀しき

12　今までに侘《わび》にて見ゆるわが庭の　雪踏み分けて訪ひし君かな

30　霰《あられ》ふるさえぬる夜にも如何ばかり　冬を忘るゝ国の衾《ふすま》に

（注）国の衾／衾は布などで仕立てた夜具。秋田の生母が贈ったものか。

41　山桜ながむる袖に香を留めよ　今日の名残りの家づとにせん

（注）家づと／家へのみやげ。

64　春も来て幾ばくならぬ春日野の　雪降る今日はあざみ採るなり

95　月花の名残より猶したはるゝ　明けぬに帰る友に別れて

慶安三《一六五〇》年庚寅正月十八日　阿證　（注、三九歳、花押なし）

上人の歌は大体が花鳥風月を題材としていて、おおむね様式的であるが、中には写実的で叙情的な実詠を感得させる歌もある。これらは自然や四季の移ろいに対する繊細な感覚、仏門にあってなお人をなつかしむ心のゆらぎや、ままならない吾が心に対する澄明《ちょうめい》な心境が映されているように思える。

大日如来座像（旧昭和町照明寺蔵）

伝上人作千体佛（個人蔵、高18cm、最大幅4.5cm）

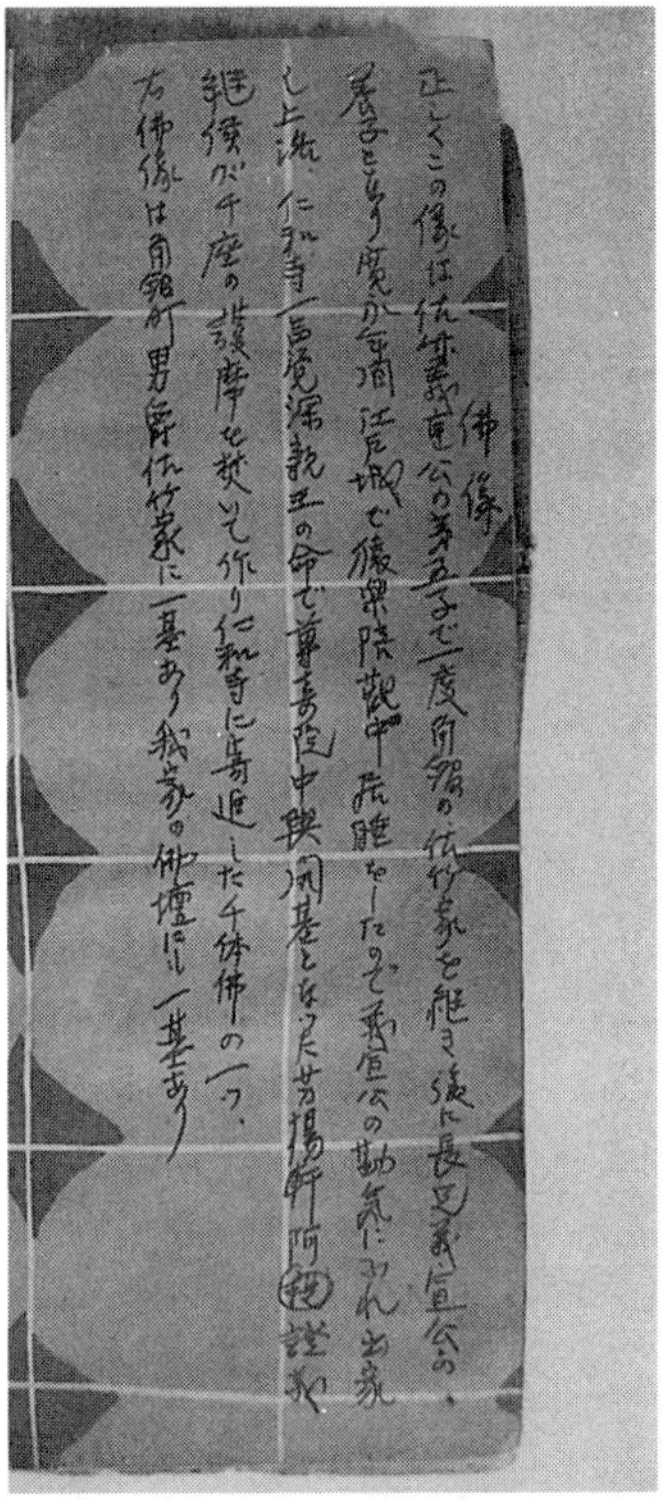
佛像
正しくこの像は佐竹義重公の第五子で一度南郷の佐竹家を継ぎ後に長兄義宣公の
養子となり慶長年間江戸城で猿楽陪観中居睡りしたので義宣公の勘気にふれ出家
し上洛 仁和寺一品覚深親王の命で尊寿院中興開基となった芳揚軒阿証謹製
継僧が千座の護摩を焚いて作り仁和寺に寄進した千体佛の一つ、
右佛像は角館町男爵佐竹家に一基あり我家の佛壇にも一基あり

千体仏の一を伝える日記の覚書（個人蔵）

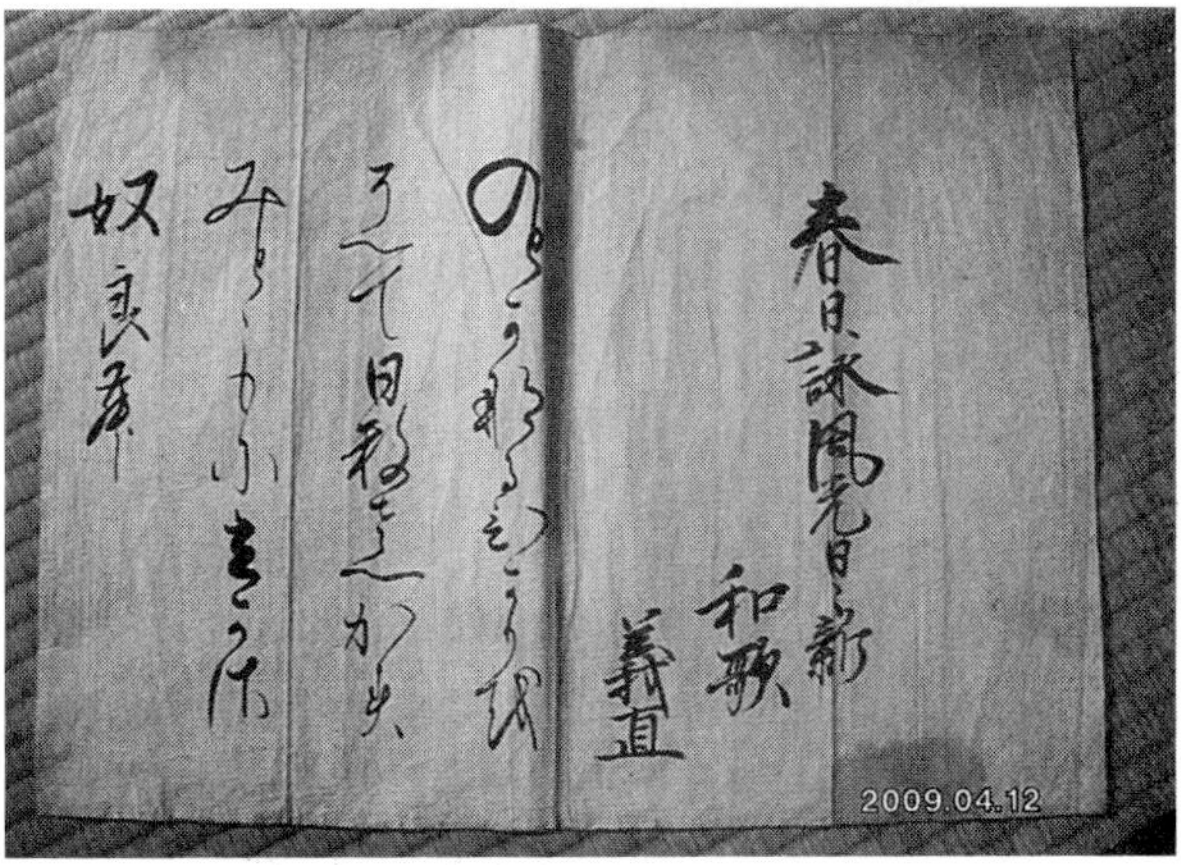

上人和歌 春日詠（鎌倉市 早田雅美氏蔵）

十話　仁和寺尊寿院を再興す

尊寿院号を賜る

出家後の阿證は「特に真言秘教に帰依」したと伝える（伝記一）。この真言密教への傾倒によって、阿證は槙尾山における修行の傍ら、真言密教の本義を尋ねて格式ある仁和寺の一品親王覚深《かくじん》に師事し、さらには一舎の地を乞うたと見られる。志意に感じた覚深は、正保三年（一六四六、三十五歳）二月阿證に尊寿院号と寺地を賜った。後陽成天皇の第一皇子に生まれ、秀吉時代に皇太子に冊立《さくりつ》された覚深は、のち徳川氏を憚《はばか》って仁和寺に入御《にゅうぎょ》され、仁和寺再興の約諾を得た。このような覚深に阿證が親近したとしても不思議ではない。

その後慶安三年（一六五〇、三十九歳）佐竹家から二百両の合力金を得て、翌四年（一六五一、四十歳）院跡が再興され、これによって阿證は尊寿院へ入院された。尊寿院の中絶は百八十年に及んだが、年暦から応仁の兵乱（一四六七～一四七七）で廃壊して以来かという（伝記三）。

このののち阿證はさらに仁和寺の密乗院宥雄《ゆうゆう》の室に入って修行を重ね、密教の奥義と護摩火壇を修学し、承応元年（一六五二、四一歳）宥雄より付法の伝法潅頂を授けられた。これによって尊寿院の法流は忍辱山流《にんにくせんりゅう》と極まり、阿證は「当院法流の中興祖師たり」と伝記に記された（伝記三）。

仁和寺と尊寿院

仁和四年（八八八）宇多天皇が金堂を完成させた仁和寺は、御室《おむろ》御所とも称され、洛中でも屈指の寺格を誇る、真言宗御室派の総本山である。応仁の乱で堂塔を失ったが、江戸時代初に覚深《かくじん》門主が家光から莫大な寄進を得て、紫宸殿《ししんでん》（現金堂）や清涼殿《せいりょうでん》（現御影堂）を移築して再建、正保三年（一六四六）竣功なった。これが現在世界遺産に登録されている仁和寺である。

他方、尊寿院は祈雨修法《きうずほう》に功があった初代寛遍《かんぺん》（一一〇〇〜六六）の僧房に由来し、山内の格式ある寺をさす院家《いんげ》である。寛遍は東密《とうみつ》（真言密教）広沢六流の一、忍辱山流を開派した高僧である。ところが十四世紀半ば以降は院主も分からないほどの衰退であった。慶安四年（一六五一）堂舎が再建され、続いて翌年の承応元年（一六五二）法流が復活し、阿證の滅後は顕證が復興に尽力した。院主は大僧上で公家護持僧《くげごじそう》をもって任ずることを寺例とし、院家にしては破格の格式を保ったが、再々困窮し、そのたび阿證の縁をもって秋田藩に与力《よりき》を仰いだ（研究十）。

尊寿院現堂（仁和寺山内）

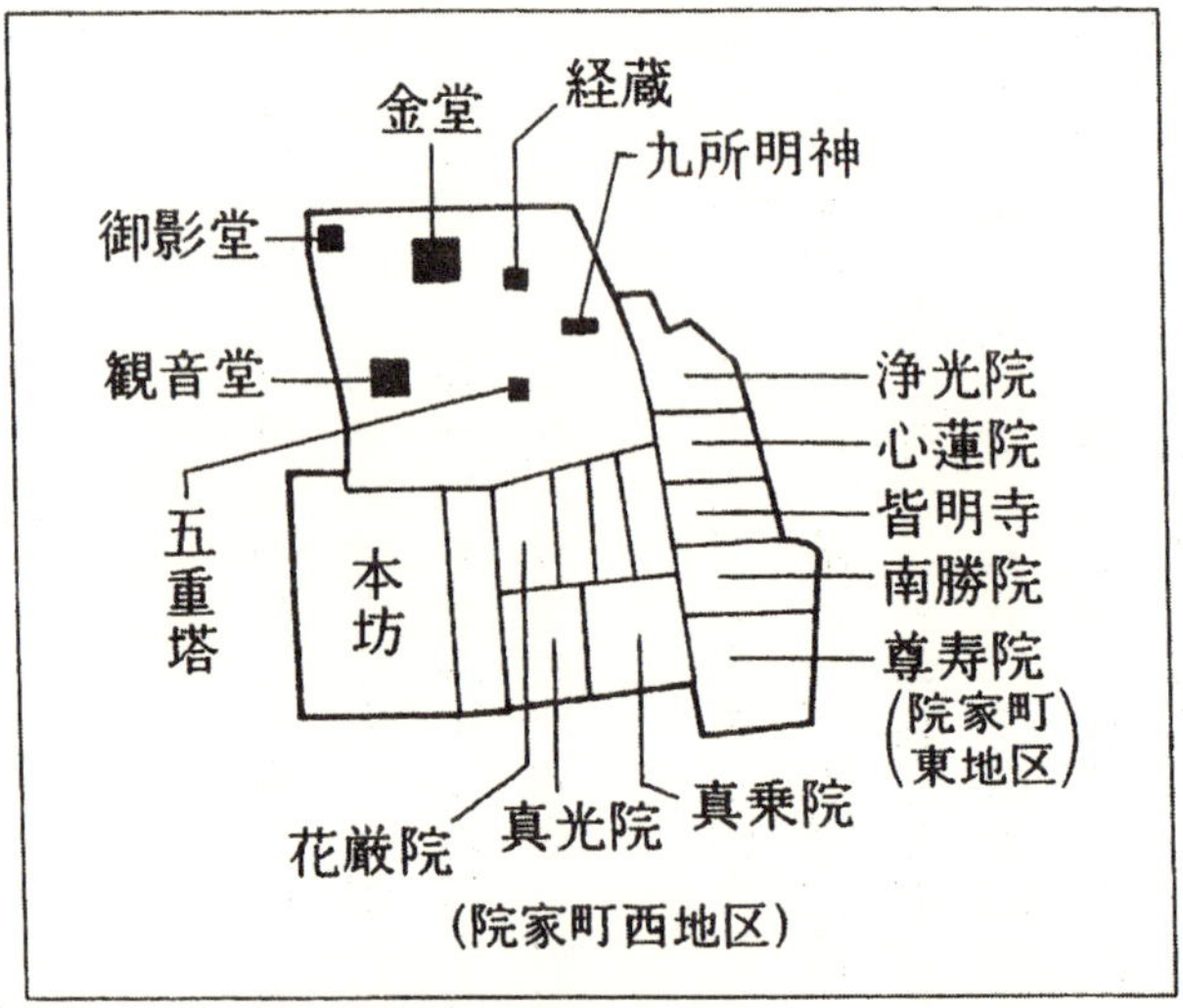

江戸時代の仁和寺伽藍と院家（出所）『仁和寺研究』第１輯

十一話　苦悩なく安然と化す

尊寿院の継承

阿證の末期と尊寿院継承の様子が『尊寿院伝記』（伝記一）に記されてある。

明暦二年（一六五六）夏微恙を示し、医薬効ならずして病は日に篤《あつ》く、而《しか》して将《まさ》に死せんとす。因って遺命して曰く、「我は常に此寺の興隆を欲すれど、いまだ之れを遂げず。今や逝《ゆ》かんとす」「因って伝統の事を大王（性承）に上《たてまつ》る」

「我が志を継承せし（顕證に）、其れが坊舎聖教《しょうぎょう》物具等を悉《ことごと》く与う」と。

これによれば末期を予感した阿證は、尊寿院の後事を仁和寺門跡の性承《しょうしょう》に託して、一切を法住庵顕證《けんしょう》に与え、尊寿院の次世を確実にされようとした。

則ち閏四月八日申《さる》の刻、苦悩なく安然と化《け》す。春秋四十五。惜しいかな、年は徳を配せざると謂うべきなり。

こうして阿證は苦悩なく安然《あんねん》と化《け》された。これは数奇な運命に対する人間的な苦悩を超えて遷化《せんげ》（仏僧の死去）されたことを言う。積徳（学問修行を積む）にしては寂年が早く惜しまれると伝える。

この一件の経過を明らかにする史料が『国典類抄』に所収されている（付三関係文書）。

壬《みづのえ》(明暦二年カ)四月付、尊寿院(阿證)が発した山野井外記(性承母方一家)宛て書状であるが、これによれば拙僧は今度の煩いは快気が難しいと存じて、尊寿院の庵室を一音坊(顕證)へ託したが、(法流)相続の心当たりが無いので、後々断絶しないように御門跡(性承)へお執成《とりなし》を願い奉るという内容である。阿證が尊寿院伝来の法流を伝授されたのは承応元年(一六五二)、それから四年後の明暦二年であるが、法流相続の目処《めど》が立っていなかったことを示す。

上人の遺物書付

この書付は、尊寿院阿証から長年仕えた儒医の池見弥左衛門、それに藩士の小倉半兵衛の両人に宛てた遺産分与の覚である(付三関係文書、抄出)。日付は遷化の前日である。もはや上人に余力がなかったのか花押がない。

一小脇差　壱腰　小泉真哲へ
一中脇差　壱腰　楠道記へ
一大脇差　壱腰　吉右衛門殿へ
一長盛之刀　壱腰　良琢房へ
一金遣大脇差　壱腰　卯之助へ

一硯並に点画文共　　　石田良敬へ
一着込壱領　　　　　石橋兵右衛門方へ
一取替銀（奉公前渡し金）　くほへ
一金子四両　　　　　妙久へ
一金子壱両　　　　　弥市へ

明暦二年　閏四月七日

尊寿院　阿證

これによれば脇差から文具、着込（下着）、取替銀《とりかえぎん》、金子など細やかな処分の遺言である。下働きらしい、くほ、妙久、弥市の名が見える。真哲、道記、良琢房への脇差は生前済なので、このほかの両大脇差は阿證が最期まで所持したことになる。藩士の近侍と合わせ、阿證が生涯一介の黒衣僧《こくのえそう》でなかったことに気付かされる。

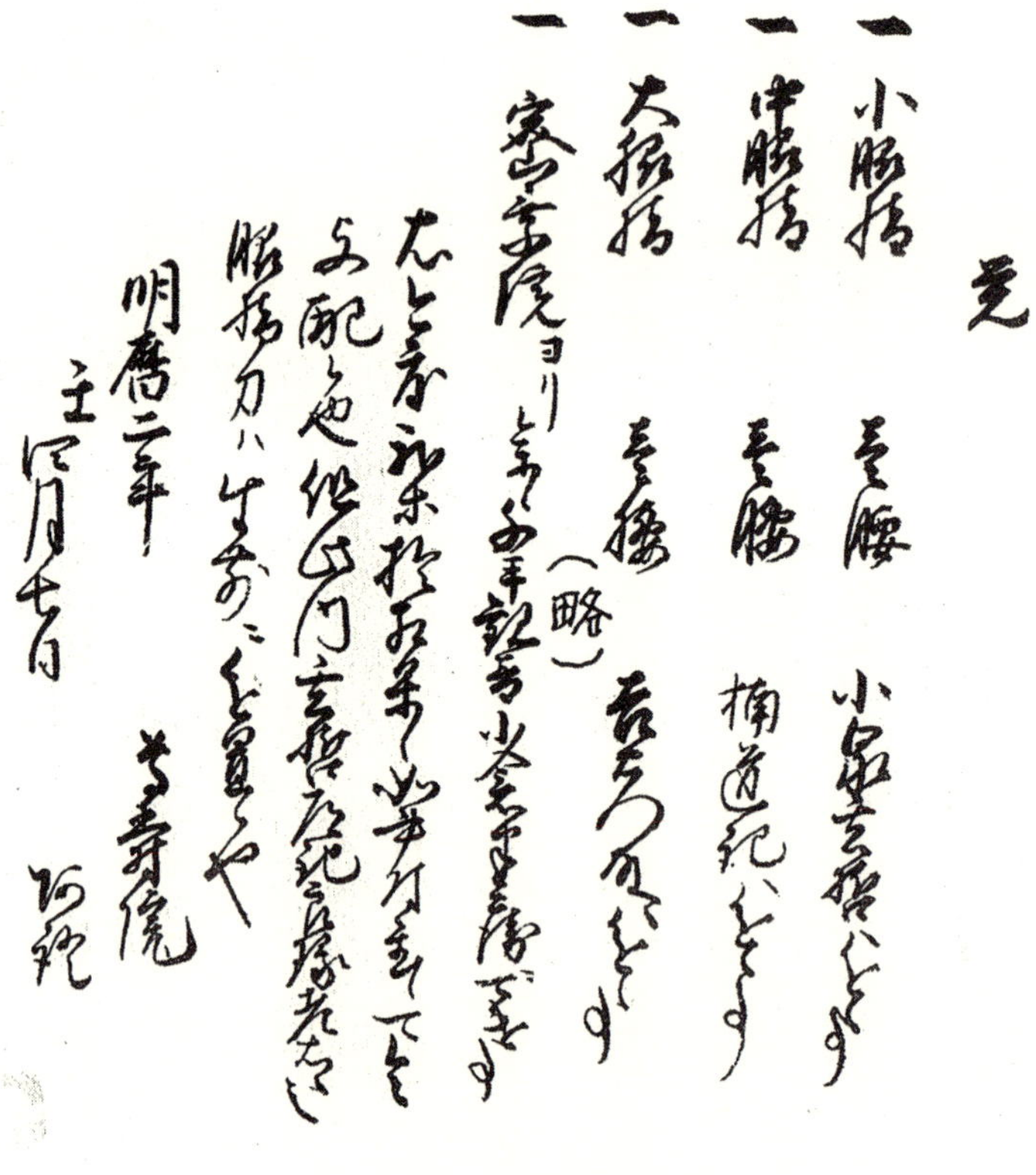

遺物書付（部分）
（出所）秋田県公文書館所蔵

十二話　法金剛院に眠る

参詣と法要回向

平成十七年（二〇〇五）八月のある早朝、筆者は京都市右京区花園にある律宗大本山法《ほう》金剛院《こんごういん》の山門に、いささか緊張の面持ちで立っていた。上人墓が裏山の仁和寺ゆかりの墓域にあることを突き止め、依頼した法要と上人墓調査の立合いに来られる仁和寺役僧の到着を待っていたのである。

これに先立つ数年前、筆者は史料を読んでいて、「明暦二年（一六五六）阿證和尚遷化」に続いて、「享保十六辛亥（一七三一）迄八拾一年ニナル洛西法金剛院ニ葬《ほうむる》」（伝記三）、また宝暦五年（一七五五）三月二日条に「御墓所は法金剛院の山に幽《かすか》に之れ有り候」に気付いていたが（『国典類抄』、付四）、この享保十六年とは法金剛院に改葬の年なのか、それにしても八拾一年は計算が合わないし何なのかと思案していた。しかし上人が法金剛院に葬られたことは確かと思え、これに触発されて筆者は法金剛院を訪ねたが、特別許可がなくては墓域に入れなかった。いたずらに歳月が過ぎていたが、このとき漸く仁和寺の許可を戴いたのであった。筆者の志願でささやかながら法要が執行されるというので、胸が高鳴るのも無理からぬことであった。

墓域は叢林が茂る小丘の開けた頂上部にあり、お聞きしたところでは広さ約九百坪ほど、明治以降の仁和寺門跡の堂々たる五輪塔が十基ほど並び、左端・入口部に上人墓があつた。石垣による囲いがない。この囲いであるが、宝暦五年御室（仁和寺）から内々に石垣を以て御囲みしたいとの仰せがあって、在京の秋田藩士中で相談し、見積りは銀四百目余と出たが、江戸での評議は「此の節御勤の儀又は御旧式も相止められ候間」との理由によって、「成るまじき趣」として施工されなかったと伝えるので、以降も石垣の囲みは実現しなかったに違いない。また、この時点で上人墓に対する供養の御勤や、旧来の仕来りによる法要が執行されていなかったことが判る（付四）。墓石は高さ約二m、白御影石造りである。上部から五輪各部の正面に「キャ・ハ・ラ・バ・ア」の梵語（胎蔵界の五仏を表す）と、また最下部の四角台形の前面に縦書で「明暦載（弐の異体字ヵ）年」「阿闍梨《あじゃり》阿證」「閏四月八日」が鮮明に見ることができた。誰がいつ建立したかの刻字は一切なく、立派な五輪のわりには簡素なものであった。花と水をささげ、役僧が読経回向され、筆者も偈文《げもん》をとなえ、深々と合掌礼拝した。当日は幕末から明治後では初の秋田人の参詣回向かと感慨にひたったが、このたびの調査でそれよりもずっと以前に秋田人のそれが途絶えていた可能性があることを知って、この墓参の有り難さを味わった。

称号追贈

延宝三年（一六七五）の二十回忌に一品親王の仁和寺門跡性承から僧正に相当する法印号を賜った（伝記三）。さらに宝暦五年（一七五五）の百回忌に上人号が追贈された。これは三代義処《よしずみ》襲封の寛文十二年（一六七二）母光聚院《こうじゅいん》（二代義隆室）の勧めによる本格的な寄附以降の、一連の佐竹氏の与力と関係づけて考えられよう。

上人墓五輪塔図　筆者素描
（法金剛院裏山　非公開）

法金剛院山門（京都市右京区）

同境内略図
右奥部の小丘陵上に上人墓が所在

十三話　北家常光院で供養

北家菩提所の常光院は北家の当主義廉が義宣に従って秋田へ転住した機会に、常陸国金砂郷久米の本寺から分流して秋田に移転し、紫島城に近い長野柳田に寺地を構えた曹洞宗の寺院である。その後、明暦二年（一六五六）北家の角館移転に促されて、明和二年（一七五六）角館の源太寺跡に寺地を移した。そして長野柳田の常光院跡に疎渓庵が建てられ、のち昇格し曹洞宗曹渓寺となった（『久米山常光院の歴史』）。

寛政九年（一七九七）二月、角館北家六代義躬《よしみ》から秋田天徳寺に宛てた書状によれば、「常光院は藩主から三十石を付与されていたが、義隣《よしちか》が相続の際に、この知行高は北家に加えられたので、北家は寺に寄附、これによって常光院は彦次郎様御中興御開基である」との主旨が記されてあるという（『中仙町史』通史編）。こうして尊寿院と北家、その菩提所である常光院との関係は後代まで続いた。

この点を今少し解説すると、申若丸（のちの上人）は幼年にして佐竹北家を継いだが、元和七年（一六二一）七月十歳のとき、佐竹宗家に戻され、義宣の嗣とされた。その後北家には嗣がなく途絶していたが、寛永五年（一六二八）公卿《くぎょう》大納言高倉永慶《ながよし》の二男重丸《しげまる》が北家の嗣とされた。母は義重女・義宣妹のおなす（於奈須）、重丸は十歳であった。

同年七月江戸を発し、八月秋田に下着、のち義隣と改名して久保田に住した。他方、明暦二年（一六五六）二代藩主義隆は角館の芦名家を断絶させ、北家の義隣を角館所預《ところあずかり》に据えた。同年八月義隣は芦名邸に入り、これ以後角館北家は連綿して明治に至った。ちなみに北家の領所は前述のとおり当初三か村であったが、角館所預となった段階では千屋、六郷、花館、半導寺、今泉（旧西仙北町）を含む仙北北部一帯に及んだ（『中仙町史』通史編）。

他方、芦名家は戦国時代に会津一帯を支配した名門であったが、その後没落、芦名家入りしていた義宣次弟の盛重が義宣に従って秋田に移転、名を芦名義勝と改め、義宣から采《さい》地《ち》一万五千石を与えられたが、寛永八年（一六三一）角館に没し、以降は慶安四年（一六五二）芦名盛俊十九歳で没、承応二年（一六五三）千鶴丸が三歳で没と不幸が続き、芦名家は断絶となった。

平成十九年（二〇〇七）七月、畏友亀井日出男氏（美郷町六郷）の案内で訪ねた常光院で、村野孝和住職のご厚意を得て、「尊寿院中興開基大阿闍梨贈法印阿證大和尚」（ウラ明暦二年丙申閏四月八日寂）と書された御位牌を拝し、さらに長い風雪に耐えて当代に伝わる北家累代の墓碑群の内、七代「尊寿院 大阿闍梨法印号 阿證芳揚軒日性 明暦二丙申 閏月八日 義継公」と刻された墓碑を拝した。なお、この「義継公」の称名は後述のとおり（研究六）世子の座を降りて以降の実名とすれば納得できる。ここでは「法印号」をもって記されているので、この墓碑は法印号が授与された延宝三年（一六七五）から上人号が授与された宝暦三年（一七五五）の間に建立されたと推察される。

また年代は不詳だが、尊寿院法務僧正から北家に宛てられたと推察される法務僧正就任祝いの礼状を拝見できた(付三関係文書)。尊寿院と北家との関係が後代まで続いたことを伝える。ちなみに曹渓寺（大仙市中仙町長野）の北家御霊屋には常光院時代の覚宗本公大禅定門（六代義廉）など一族六基の墓石があるが、上人のものはない。

常光院現景（仙北市角館）

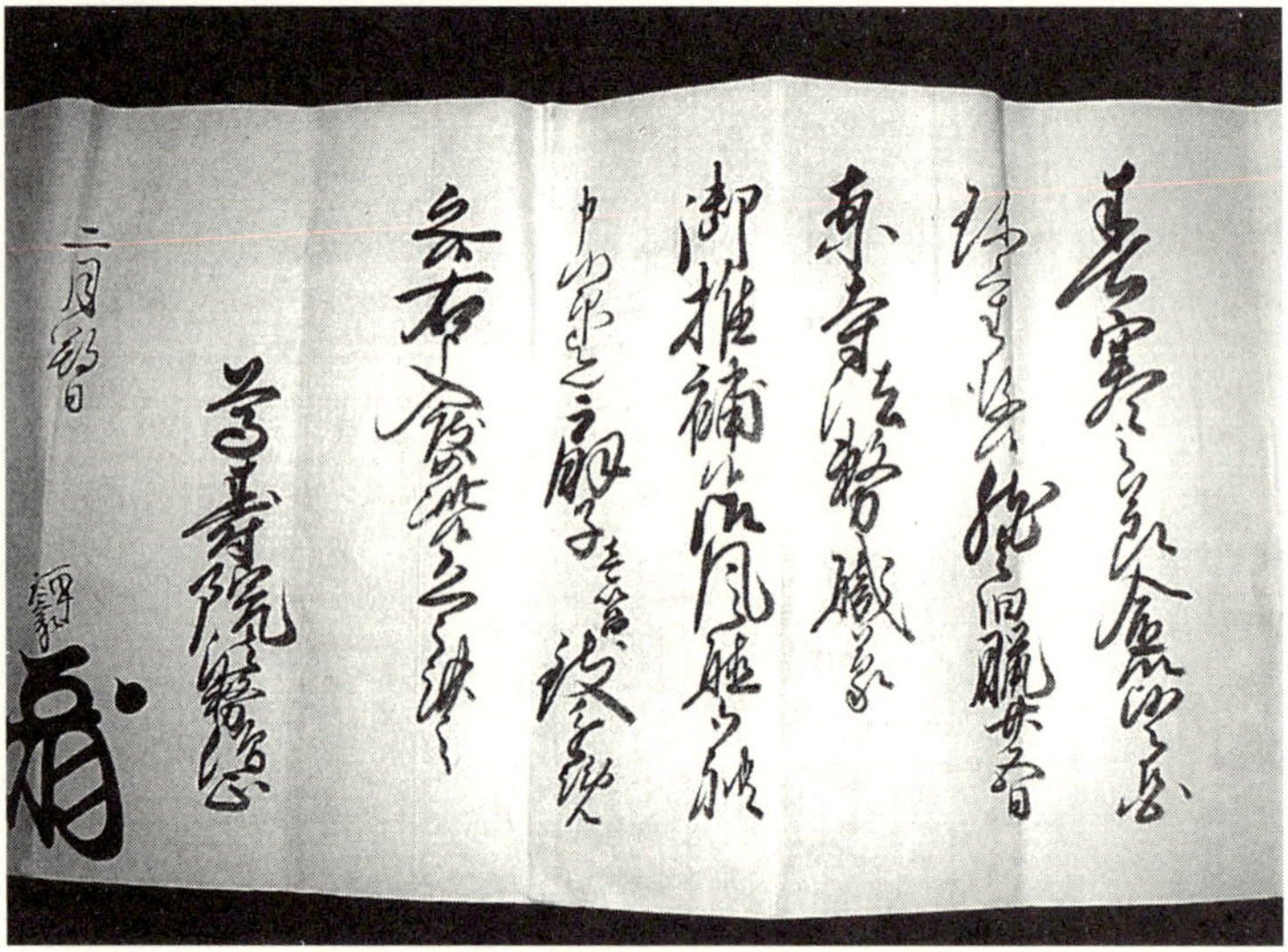

尊寿院法務僧正書状（常光院蔵）

十四話　上人像の見直し

従来の上人像

昭和十年（一九三五）、安藤和風は「歌集の奥に書き付けられし歌」として、次の一首Aを引き、上人は「本志に反し」た人生であったとした（『秋田』同年五月号）。

柴の戸に匂はぬ花はさもあらばあれ　詠《なが》めてけりな恥ずかしの身や　A

（注）これよりさき安藤和風編著『秋田人名辞書』（昭和七、一九三二年）の「芳揚軒阿證」条では「恨めしの身や」とある。

他方、さすがに和風はその直後に、「上人の歌集の奥に本人か又は他人が書添し和歌」として、右一首は「他人の歌なりと聞き」、加藤蓼洲氏を煩わし、僧慈円の歌であることを突き止め、「恐らくは後人が古歌を以て上人の真意を揣摩《しま》せしものでなからうか」と事実上、修文された（秋田魁新報、昭和十年五月十一日夕刊）。

こののち三十数年を経て昭和四十四年（一九六九）、井上隆明氏が『近世秋田畸人伝』（秋田放送ＡＢＳレポート）において、出典は記していないが次の一首Ｂを示し、上人をもって、「現世には不満と恨みの多い人間であった」と評した。他方、これに続けて『尊寿院伝記』(伝記二)中の一節、「其の性隠逸を好み、心は栄辱に在らず云々」を引いて、「史書はつねに非情性を伴うものだが、その裏側には人生に踏み迷う人間のドラマが隠されている」とも記し、非情な歴史の一つとされた。なお右一節を含む『尊寿院伝記』の編者は顕證であって、井上氏が挙げる門跡性承ではない(伝記一解題)。

柴の戸に匂はぬ花はさもあらばあれ　眺めてけりな恨めしの身や　B

さらに昭和五十一年(一九七六)、笹尾哲雄氏が『仏教史余滴』において、「彼は、和歌をよくし歌集を残している。次の一首は、彼の一生の心ばえを詠んだものとして有名だ」として、「歌集」から引いたと受け取れる記述であるが、Bと同じ次の歌Cを示し、その上で、「この和歌を見ると藩主の後継者としての地位を奪われ一生を独身の僧として過ごさなければならなかった彼の悲しみが、うかがわれよう」と否定的に突っ込んだ評価を下した。この評価は上人の評価を廻る世上の空気を読んで上人自詠でもない和歌一首によって畳み掛けたものであったとすれば、遺憾とする外ない。

柴の戸に匂はぬ花はさもあらばあれ　眺めてけりな恨めしの身や　C

ところで、「上人歌集の奥書にあった」とする右一首Aだが、百首の巻物歌集には見当らない。別の歌集か資料に掲載されたのかと長年探索しているが、そのような歌集や資料に接することが出来ない。また和風は、「又彼が物のはしに書けるものに」として、次の一首をあげ（右『秋田』）、上人をして「何事も、為し得ざる身世を慨《なげ》きし如く」としたが、そのような「物のはし」も見当らない。

何事も明ぬ暮ぬと営まん　身は限りあり事は尽せぬ

さて、前大僧正慈円の『拾玉集』にある歌は次のとおりである。

柴の戸ににほはむ花はさもあらばあれ　ながめてけりなうらめしの身や　D

このD歌の「にほはむ」は「匂うであろう」と推量型であるが、これを元歌として作られたA、B、C歌の「匂はぬ」は「匂はない」と否定型である。この点について和風は、「わざと一字を訂正せしものかは疑わしい」として、前述のとおり、恐らくは後人が上人の真意を推しはかって古歌に仮託したものだろうとする。

人物像の再検討

このように上人の自詠ではない、いわば得体の知れない歌一首によって、上人の生涯を否定的に評定したとすれば、当時としては止むを得ない面はあるが、やはり乱暴のそしりを免れない。この点につき、さすがに和風は「固《もと》より其の本意に由りたることにあらずとはいへ、決然たる断念をなされ、之より佛道と歌道に精進せられたる如くである」(『秋田』)とも言う。いずれにしても筆者は、上人の心境を史的に評定することは出来ないと考える(先学が史的に評定したという意味ではない)。しかしながら筆者は、百首の丹念な読み込み作業を通じて、上人はある澄明《ちょうめい》な諦念に至ったのではないかと感得した。元旦を詠んだ歌がそれを端的に表す(百首中68)。

天つ空緑の色に立ち替わる　春の日影や長閑《のどか》なるらん

さらに前述畏友亀井氏から紹介された、鎌倉市在住の早田雅美氏から平成二十一年(二〇〇九)四月上人の和歌一首の写真が筆者に恵贈された。それによれば奇しくも右心境はさらに明らかである(写真前掲)。

春日、風光日々に新たなるを詠む和歌
のどかなるひかりをそへて春日路へ　霞とともに春かさぬらむ

新たな上人像

上人は密教の奥義を深め、出自の佐竹氏の与力《よりき》をよく生かし、尊寿院を中興された。仏像製作や歌道に精励し、今に数体の仏像や歌集一巻をのこす。数奇な運命を仏道によって乗り超えられたと言っていい。こうして『尊寿院伝記』（伝記一）が伝えるように、上人は「苦悩なく安然と化された」に違いない。その生涯は高僧伝の枠を超える物語を伝える。

平成十八年（二〇〇六）六月十七日付け秋田魁新報紙は、千秋公園内の八幡秋田神社で見付かった、大小刀をさす武将姿の出家した上人肖像をカラーをもって報じた。のち県内所々で展示され話題となった。これは後代に描かれたものだが、画者は上人になお武家の名門佐竹氏の矜持《きょうじ》を見たかったのであろう。事実、上人は最期まで大小刀を手放さなかった。

平成二十四年（二〇一二）五月十九日美郷町六郷の地で、周到な準備のもとに地元こぞって義重公の遺徳を偲ぶ没後四百年祭と記念特別展が、佐竹北家当主である佐竹敬久秋田県知事をむかえて、盛大に催行された。幸いに筆者も先年の講演のご縁をもって参式に恵まれた。思いを廻らすと遺腹の子、上人の生誕四百年でもあった。この機会に上人は新しい人物像をもって偲ばれる必要がある。

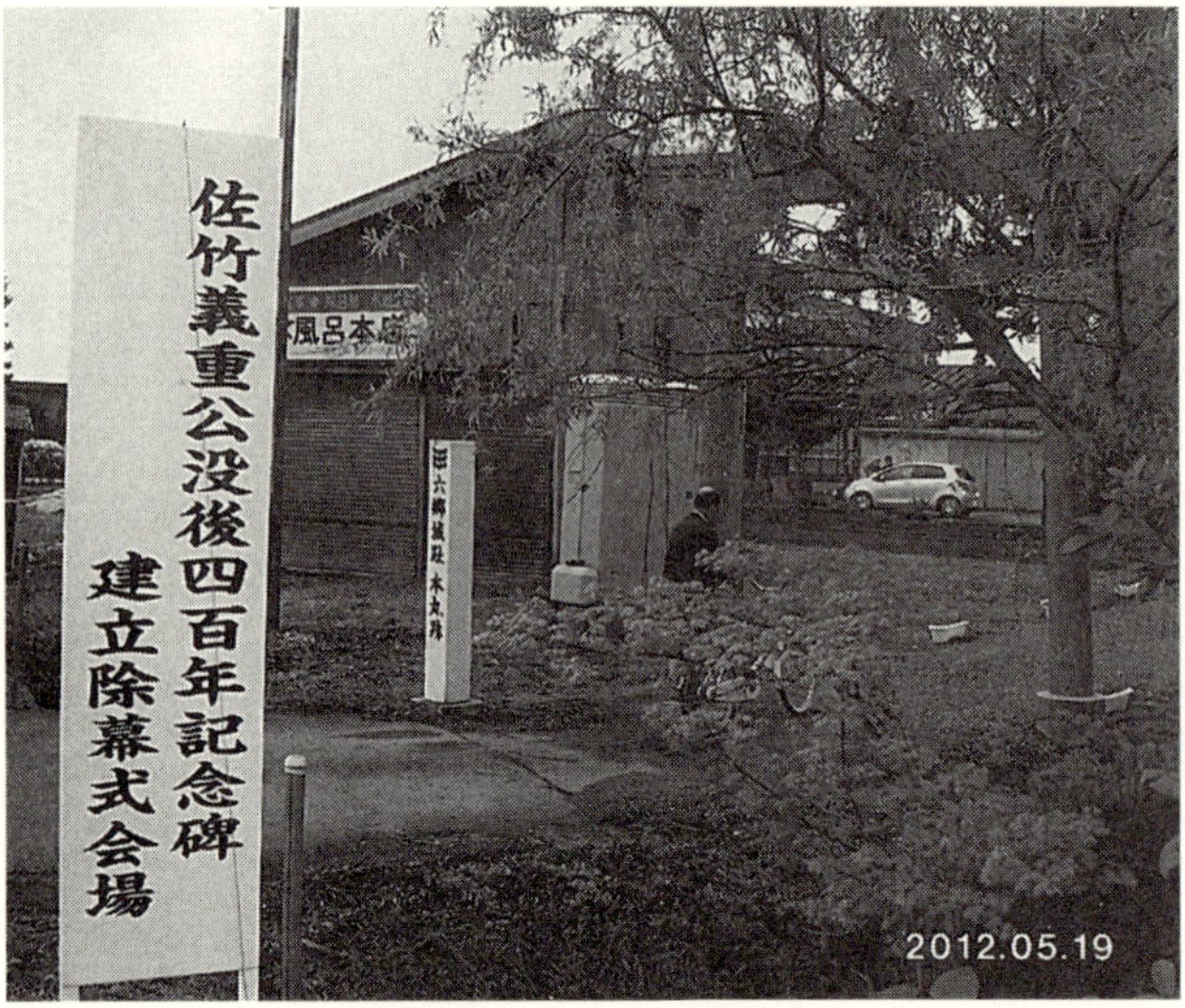

義重公没後四百年祭

佐竹敬久秋田県知事（佐竹北家当主）
松田知己美郷町長、他多数が参式

十五話　絵像の発見

平成十八年六月十七日付の「秋田さきがけ」紙は、秋田市千秋公園内の八幡秋田神社（山本富雄宮司）で、四月に確認された初代秋田藩主ら四幅の肖像画はいずれも貴重な品だが、関係者が注目しているとして、唯一藩主でない佐竹義継の画像をカラーで掲載し、一躍世間の関心をよんだ。これによれば県指定文化財であった八幡秋田神社本殿は、先年、放火のため惜しくも焼失したが、このとき火難を免れた甲冑類《かっちゅうるい》（秋田市指定文化財）を格納する鎧櫃《よろいびつ》の底から四幅《ぷく》の画像が発見されたという。義継公の肖像画が見つかったのは今回が初めて。縦百二十四㎝、幅四十九㎝で、「芳揚軒君御肖像《ほうようけんのきみ》」と書されていた。頭を丸め、左手には数珠《じゅず》を巻きつけているが、甲冑を着込み大小刀を帯びるなど、悲劇的運命とは裏腹に武将のような勇壮な雰囲気が伝わってくる。背後には面頬《めんぼう》付きのかぶとと佐竹の家紋が入った旗。顔にはほくろまであり、特徴を意識して描かれた様子がうかがえるという。

そのご、この調査にあたった秋田市文化財保護審議会委員の伊藤武美氏が、同じく「秋田さきがけ」紙に「「芳揚軒君御肖像」の謎」と題する詳細な解説記事を上下に分けて発表された（同七月十一日、十二日付）。さすがの優筆である。氏によれば、悲運にも栄光の座から降ろされた義継こと芳揚軒君の、怨霊鎮魂のため、〝神〟として奉祀するには、この姿が最も適切であると判断した狩野派の絵師の手になると思えてならないとして、天徳寺が所蔵する義宣、義隆の肖像画（県指定有形文化財）は荻津勝章《かつあきら》の作とされていることから、その孫の百之助が、神として奉祀したい一念から、当時の秋田神社か八幡神社へ奉納したのではないか、あるいは荻津一族の誰かの画筆になるような気がしてならないという。この絵像は千秋公園内の佐竹史料館で、そのご県内各所で展示されたが、長く上人研究に取り組んできた筆者は佐竹史料館でつくづくと観覧し、万感の思いにひたった。

第二章　風雅のすさび

一　巻物上の和歌百首

秋田県立図書館に「芳揚軒阿證上人百首御自筆巻物」と箱書された木箱のなかに、和紙の巻物一巻がある。巻物に表題はない。この巻物に和歌百首が仮名と漢字の混用で墨書されている。掉尾に「以上百首　慶安三年庚寅正月十八日」に続き、「阿證」の署名がある（花押はない）。慶安三年（一六五〇）は上人三十九歳にあたる。箱書の「御自筆」であるが、書跡が自筆そのものかに関しては写本摸写の可能性を含め検証を要する（「解題」で再論）。記載された和歌の数は百首に誤りはない。以下は編者が読解した和歌百首である。解題は後掲する。

（凡例）

一　本巻物の筆者撮影を底文とした。

一　歴史的かな遣いはそのままとした。
二　和歌の番号、ルビ（現代かな）、注は筆者が付した。

芳揚軒

立春の心を読み侍りける

01　誰もみな今日今日とのみ待ちにける　都に春は立ち来ぬるかな

八幡宮へ法楽《ほうらく》に詠《よ》み侍る

02　岩清水おもふ心にまかせつゝ　結ぶはふかき契《ちぎ》りなるかな
・八幡宮／宇佐八幡から勧請された京都の岩清水八幡宮。
・法楽／読経や奏楽で本尊を供養し神仏のたむけとする行事。

鶯を

03　春立てば雪も心も打ち解けて　軒端《のきば》に近き鶯《うぐいす》の声
04　春立てど雪消えあへぬわが家に　僅《はつ》かにきける鶯の声

・僅かに／ほのかに、かすかに。

春立つ心を

05　天《あま》の戸の明け行くまゝに立つ春の　長閑《のどか》に空も霞《かすみ》染めけり

06　春来ては谷の小川も打ちとけて　岩もる水の音ぞ聞こゆる

・もる／漏る。すき間を通ってこぼれ出る。

07　春の来しるしも見えぬ山本の　三輪の神杉《かみすぎ》霞込めつゝ

・山本、三輪／山本が山元（ふもと）であれば、大神（おおみわ）神社（奈良県桜井市）を思念して詠んだか、仙北郡の古称山本郡から山北三郡を想ったのであれば、当時鬱蒼《うっそう》たる杉林に囲まれ、別当吉祥院が仁和寺流であった雄勝郡羽後町三輪神社か。義継は一乗院宥増に伴われ京師に向かう途次立ち寄った可能性があり、のちに回想して詠んだか、義継を含め再論する。

若菜を詠める

08　里人の打ち群れ今日は片岡《かたをか》に　雪を分けつゝ若菜摘むなり

・片岡／奈良県北葛城郡王寺町近辺の丘陵地帯をさす（歌枕）。

梅

09 わが宿に咲きつる梅の香を留めて　思はずひとの春は訪ひぬる

10 梅も咲き春めきわたる宿ながら　北の家陰《やかげ》に雪ぞ残れる

・家陰／屋陰とも。建物の陰をいう。

題知らず

11 冬の夜の寝覚めに聞きし鐘の音は　何とはなしに物ぞ哀しき

雪降りける日人の訪ひ侍りければ

12 今までに侘《わび》にて見ゆるわが庭の　雪踏み分けて訪ひし君かな

山里に住みける人に遣はしける

13 都さへ雪降るころは寂しきに　山里いかで誰か訪はまし

初冬月

14 もみじ葉の散りしく庭に露置きて　映れる月の影ぞさやけき

月を

15 吹く風に秋の草葉の露落ちて　月の光も宿なかるらん

蘆をみて

16 立ち渡る風に末葉《うらは》の蘆《あし》の葉の　そよぐを聞けば物ぞかなしき

・末葉／草木の茎や枝の先の方の葉。

題知らず

17 人を待つことは無けれど冬の夜の　更《ふ》けゆく鐘のこえはかなしも

18 見渡せばさす夕潮に誘はれて　月も満ち来る和歌の浦浪《うらなみ》

・さす夕潮／満ちてくる夕方の潮。

・和歌の浦浪／和歌浦の、海岸に打ち寄せる波。

無常の心を

19 露の身は譬《たと》えかたなや朝顔の　日影待つ間もあらじとぞ思ふ

20

世の中を何に譬《たと》へん小笹原《こささはら》　風待つ露にやどる月影

・小笹原／小笹の原か、小さな笹原か不定。

嵯峨野を通り侍るとて

21

夏深き嵯峨野の草の茂り合ひ　千代のふる道分け兼ねてけり

・嵯峨野／京北西部の地名。

・千代のふる道／千年の、長い年月を経た古い道。

山寺月

22

詠《なが》むるに心もいとど墨染《すみぞめ》の　袖にさやけき秋の夜の月

・墨染の袖／僧衣のそで。

寒月

23

風荒れて木の葉が雨と降りながら　隈《くま》なく見ゆる冬の夜の月

・隈なく／影がない、見えないところがない。

庭ににほの海を移し松など一本植へてあるを見て

24 海ならぬ池の面《おも》にも憂《う》き春の　松は映《うつ》せる湖のうらはを

・にほの海／鳰の海。琵琶湖の異称（歌枕）。

・うらは／末葉ヵ不定。

雪

25 冬の庭にふる白雪を春風に　乱れて散れる花かとぞ見る

冬山

26 かき暮れて雨も木の葉もふる頃は　いとど悲しき冬の山住み

埋火

27 雪降れば埋火《うずみび》ばかり伴ひて　訪ひくる人の跡も無きかな

・埋火／灰にいけてある炭火。いけ火。

28　佛名

嬉しくも三世の佛の燈取《あかり》り　浮き世の闇を晴れもこそせめ

・佛名／佛の名号。

・三世の佛／過去現在未来の各世佛、及びその総体としての佛。

・燈取り／燈明をもって照らすことか。

29　埋火

埋火《うずみび》の近き辺《あた》りは冬ながら　春の長閑《のど》けき心地こそすれ

30　衾

霰《あられ》ふるさへぬる夜にも如何ばかり　冬を忘るゝ国の衾《ふすま》に

・衾／布などで仕立てた夜具。

・国の衾／ふる里秋田から贈られた衾をさすか。真崎氏は「閨《ねや》の衾」とするが採らない。

水鳥

31 絶え間なく雪や降るらん水鳥の　拂ふ羽音の繁く聞こゆる

32 沢地かき宿に住む夜の浮き枕　鴛《えん》の鳴く音に寝覚めぬるかな

・沢地かき／鴛に都合のよい沼沢を欠くと読めるが不定。

・鴛／おしどりの雄。ちなみに鴦はおしどりの雌。

久しく人の訪はざりければ遣はしける

33 訪へかしな憂きはひたぶる世の中に　われをや君は忘れぬるらん

・憂きは云々／憂きことばかりの世の中という意か。

津の国に住み侍りける人に冬の頃遣はしける

34 難波津に今年も暮れぬ津の国の　君もや春は立ち返り来ん

・津の国／難波の国か。難波は大阪市及びその一帯の古名。

・難波津／難波江にあった港。

35 霙を
雪ならば拂はましものを如何にせん　霙《みぞれ》に濡《ぬ》るゝわが袂《たもと》かな

36 残雪
忘れては花かとぞ思ふみ吉野の　斑《むら》消《ぎ》え残る峰の白雪
・み吉野／み芳野とも。吉野（奈良県）地方の美称。
・斑消え／雪などがまだらに消え残ること。

37 梅を待つといふ心を
咲かぬ間は梅のこずえに降る雪を　花に寄そへて詠み下さん
・寄そへ／こと寄せる、かこつける。

38 井手にまかり侍りける時に曙《あけぼの》にかはずを聞きて
尋ね来て聞けば哀れぞまさりける　井手のかはずのあかつきの声
・井手／井手の蛙は古来有名。「かはず鳴く井手の山吹散りにけり花の盛りにあはましものを」（古今集、春下）

落花の心を

39 春風の誘ふこずえを見るからに　つれて心の散りて行きぬる

神楽を

40 天の戸の明けもやはせず夜もすがら　引きぬる弓の音ぞ澄みける

山桜

41 山桜ながむる袖に香を留めよ　今日の名残りの家づとにせん
・家づと／家苞、家へのみやげもの。

鹿を

42 夜もすがら嶺にとよみて鳴く鹿の　声の内より秋や来ぬらん
・とよみて／響む、動む（とよむ）。鳴り響く。

忍恋といふ題にて詠合ひし侍りけるに

43 思ひあひ年をふるやのしのぶ草　いく夜の露を袖に置きけん

夢恋に寄す

44　恋しさは現《うつ》つならでも宵々の　夢にも君は見まくほしけれ

雪

45　たとりあひ雪の降れゝばわが宿の　冬木《ふゆき》にだにも花の咲くかも

落花をみて

46　息《いき》の緒《お》に惜しと思へど春風に　花の散り行くことぞかなしき

・息の緒／命のかぎり、命にかけて。

田家月といふ題にて

47　哀れさの常はあれども秋の田の　穂並みの露を照らす月影

48　眺むれば秋の田の面《も》に吹く風の　身にも沁みぬる夜半《よわ》の月かな

待月

49　山の端にいざよふ月や出《いで》ぬらん　星の光の薄くなりゆく

50

桜

春ごとに吉野の山に家居せば　花を見んには友もかしまし

・家居／家に居ること。

・かしまし／やかましい、うるさい。

51

寒月

わが宿の冬木の枝に降る雪を　見よとて月の照りまさるかも

52

尋恋

面影は尋ぬる道に先だちて　渡るを今日のしるべとやせむ

53

蛙

芳吉野《みよしの》の川辺涼しき夕まぐれ　しば鳴く蛙妻《かわず》や恋ふらん

・芳吉野／み吉野、又はみ芳野。

・しば／屡。しばしば、たびたび。

・蛙／かわず、かじか。谷川の岩間にすみ澄んだ美しい声で鳴く。

千鳥

54

朝まだき鴨の川霧立ちこもる　空に惑ひて千鳥鳴くなり

・鴨の川霧／京都の賀茂川、鴨川。

・立ち篭もる／立ち込める。霧が一面に広がる。

待恋

55

入逢《いりあい》の鐘だに撞《つ》ゝき待つ宵の　見せばや鳥の鳴きし袂《たもと》を

・入逢の鐘／入り相、夕暮れ時。

月

56

秋の夜の風に浪よる白雲を　分けて流るゝ月の船かな

恨恋といふことを

57

恨みわび涙に朽ちし恋衣　人目つゝまむ袖もあらばや

58　　　野分
何れをかそれと知らまし秋草の　野分に乱る花の色々
・野分／のわき、「のわけ」とも。

59　　　秋雨
秋の夜は虫の音のみかそけくて　雨にぞまさる袖の雫《しずく》か
・かそけく／幽けし。かすかである。
・袖の雫／袖にかかる涙。

60　　　鴫
秋の夜の明け方近きわが宿の　哀れかど田の鴫《しぎ》の羽根かき
・かど田／門の前にある田。

61　　　秋夕
山里はものぞ哀しき夕まぐれ　秋風寒く鹿も鳴くなり
・夕まぐれ／夕間暮れ、まぐれは「目暗」の意。

62　夏月
冬ならで雪とぞ見まし夏の夜の　場白妙に月の澄めれば
・場白妙／その場が白い布のように白いということか不定。

63　恋
思ひかね空にみだれて降る雪は　恋する風のこゝろなるかも

64　若草
春も来て幾ばくならぬ春日野に　雪降る今日はあざみ採るなり
・あざみ／薊。山野に生じる多年草。

65　蛙
山吹も咲もやわせむ井手《ゐで》の里　川辺の蛙《かわず》声しきりなり
・やわ／やは。疑い、問いを表す助詞。
・井手／京都府綴喜郡井手町。山吹、河鹿の名所（歌枕）。

66

鴛を詠める

さゆる夜は鴛《をし》の浮き寝もつらからん　玉藻の床も氷閉じつゝ

・さゆる／冴ゆ、冷える、凍る。

・鴛／おしどり。

・浮き寝／水鳥が水上に浮かんで寝ること。

・玉藻／玉は接頭語で藻の美称。

67

寒月

さゆる夜の月はいづくに宿るらん　谷の戸ぼそも氷閉づれば

・とぼそ／とびら又は戸。

・閉ず／とづ。しまる。結ばれる。

68

元旦

天つ空緑の色に立ち替る　春の日影や長閑《のどか》なるらん

69

蔦紅葉を

軒に這ふ蔦《つた》の紅葉をよる目には　唐《から》の錦を晒《さら》すとや見ん

・よる目／夜の目。

・晒す／布を灰汁（あく）で煮て水洗いし日にあて、白くする。

70

蚊遣火

夏月（引載注／蚊遣火と共に70の題ヵ）

蚊遣火《かやりび》の烟《けむ》りに軒は霞めども　空に限なき夏の夜の月

・限なき／影がない、見えないところが無い。

71

郭公

宿もやと聞くとも尤《もと》も霍公《かくこう》の　声澄み渡る窓の月影

・もや／軽い感動や疑問を表す助詞。

・尤も／本当に、いかにも。

・霍公／郭公の当て字。

撫子

72　わが宿のかきほに匂ふ撫子《なでしこ》の　露の玉をば月も見めける

・かきほ／垣穂、抜きんでて高くなっている所。

秋の歌とて詠み侍る

73　秋の夜の月見るころは明やすく　程なき日をぞ暮しかねける

・程無き／時間的に短い、空間的に狭い。

待恋

74　偽りと思ひ乍らも春の日の　暮るゝ夕べは空たのめ哉

・空たのめ／あてにならないことを頼みにすること。

狩りを詠める

75　花にのみ名残り惜しみて行く雁の　渡るや空に雨そゝぐらん

76

寒月

霧はかすみ雪は花かとみ吉野の　紛《まが》へてさゆる冬の夜の月

・紛へて／入り乱れて見まちがう。

77

待恋

待ちわびて思はず空を眺めむれば　来ぬ夜の月もいたく更《ふ》けぬる

78

春雪

まきもくの檜原に春の立ちぬれば　また降る雪を花かとぞ思ふ

・まきもく／巻向、纏向。「まきむく」とも。「まきむくの桧原に立てる春霞
おぼにし思はばなづみ来めやも」（万葉集一〇・一八一三）

79

題知らず

春の夜の花に匂へる望月《もちづき》の　影踏みまがふ庭の白雪

・望月／陰暦十五日の夜の月。満月。

恋の歌とて

80 足曳の山の岩根の岩つゝじ　言はねど色に出づるものかは

・足曳きの／「足引きの」とも。山などにかかる枕詞。

81 恨みわび天《あま》の焼きもの下こがれ　烟《けむ》りは空にきゆる思ひを

・天の／「海女の」か不定。

忍恋

82 しのびつゝ声をも立てず引緒に　思ふ渡しの漏れもやはせん

・引緒／引く緒（糸）か不明。

立春祝言の心を

83 何時しかと昨日を去年《こぞ》と立ち代はる　霞にしみる千代の初春

鶉

84 仮枕秋の哀れも深草や　軒もる月に鶉《うずら》鳴くなり

・仮枕／ちょっと寝ること、うたたね。旅寝。

85 霍公に寄する恋といふことを
夏の夜の夕暮かたの郭公は　妻恋かねてわれも泣くなり

86 結清水《ゆいしみず》
知る知らぬ行き交ふ人に逢ふ佐野の　契りを結ぶ関の清水は
・佐野／紀州新宮佐野か、渡し場があった。
・関の清水／近江逢坂の関付近にあった清水。

87 恋を
春の野にきゞす鳴くなり吾もかも　飛立つばかり君ぞ恋しき
・きゞす／「きぎし」とも。雉の古名。

88 初雪
もみじ葉の名残もとけば忘れけり　雪ふる枝の花を詠じて
霍公

89　山の端に月待つよりも郭公《かっこう》は　夜訪ひしける窓の一声

恋

90　なびかしな真野の入江の乱れ蘆　乱れても猶もの思へとや

・なびかし／靡かす。なびかせる。

蕨

91　誰がために燃ゆる蕨《わらび》ぞ春の野に　煙とまがふ霞なるらん

花盛

92　遠近《おちこち》の空もひとつに三芳野《みよしの》の　雲にみちたる山桜かな

・三芳野／み吉野（前掲）。

新樹

93　如何にして春の名残を惜しみけん　花より飽かぬ若楓《かえで》かな

94
紅葉
龍田山茜《あかね》さす日のうつろひて　雲もひとつに染むるもみじ葉
・龍田山／竜田山、立田山。大和の紅葉の名所。

95
思ふ友帰り侍りければ
月花の名残より猶したはるゝ　明けぬに帰る友に別れて

96
更衣
色深き花の衣を脱ぎかへて　薄萌黄《うすもえぎ》なる夏木立《こだち》かな
・萌黄／黄と青の中間の色、うすみどり。

97
卯花
時知らぬ雪や降りけん卯の花の　むらむら咲ける小野の山里
・卯花／うつぎの花。初夏に咲く花。
・小野／京都市左京区八瀬、大原辺の総称、又は山科区小野の地名。

余寒

98 春立てど猶袖寒き山里の　冬を残せる嶺の松かな

月

99 嬉しくも待ちけるかな秋の夜の　竹の葉越しの有明けの月

・有明けの月／夜が明けても空に残っている月

女郎花

100 朝まだき露置き顔の女郎花《おみなえし》　誰をかこちて野には立つらん

・かこちて／嘆く、ぐちを言う。

以上百首

慶安三年《一六五〇》庚寅正月十八日　阿證

解題

箱中には巻物一巻のほか、美濃判和紙（罫紙）一枚と「御自筆」「阿證上人」とそれぞれ墨書された小片の古紙二枚がある。和紙には「阿證上人」と題し、上人の略歴が記されてある（後掲伝記四）。巻物を開いた冒頭下部に「寄附 大正七年一月二十 日 秋田市中長町 田口耕三」（四行書）と見える。よって、この巻物は木箱を含め田口氏から寄附されたものに違いない。後述する安藤和風によれば、「是実に上人が没年の明暦二年を遡る六年前のものにして何人かの為に手写し与えられしもので、聞く処によれば、故田口耕三氏（公証人）より寄附されしとの事である。元何人の所蔵せしものか又は始めより田口氏の所蔵せしものか明瞭ではない」という（和風「阿證上人の和歌」秋田魁新報、昭和十年五月十一日夕刊）。委細は次のとおり。

一　筆者の測定によれば箱、巻物の法量は次のとおり（単位は㎝）。

箱／縦四一、横七・五、高七・五、厚〇・五

上蓋、箱底部両脇に紫色紐付き

巻物／縦三七、長約六〇〇　竹製軸、径〇・八

一　この巻物を安藤和風は上人「手写」として上人の自筆を肯定するが、後代写の可能性なしとしない。筆形・料紙等の検討を要する。ただし「阿證」の署名字形は他

の署名と近似する。

一　大館市立図書館の真崎文庫・酔月堂叢書（巻之三）に「阿證上人和歌百首」が収録されてある。これは秋田県史の執筆等で活躍された史家の真崎真一郎の写と考えられる。ただし歌文の細部で本巻物と異なる箇所がある。

一　上人自詠の和歌百首が本書において初めて揃って世人の目にふれる（初出の『叢園』では二回の分割掲載）。原文は変体かなや和歌特有の言い回しで難解をきわめる（このたび初出以降の研究成果をいれて修筆した）。

二　その他の和歌

昭和一〇年（一九三五）、上田芳一郎は当時秋田の総合文化誌とも言うべき『秋田』に「尊寿院阿證」と題する秀論を発表され、そのなかで寛永三年（一六二六）故あって義直（上人実名）が江戸から久保田に下された当時、藩主で実兄の義宣が、国許に居る藩重役の梅津半右衛門に宛てた書状や上人の仏道閲歴を記した「尊寿院伝記」を伝えた（『秋田』昭和十年三月号）。

これに触発されたか、安藤和風は『秋田』同年五月号で、上人が故あって仏道に入られた一件を記述した上で、「其の（引用注、上人の）歌集も存する趣なるも殆ど伝はらず、僅かに他の書類に散見せる者は左の如くである」として、次の五首を紹介した。ちなみに安藤和風（はるかぜ、通名および俳号は「わふう」）は、明治後期から昭和初期に秋田魁新報で主筆、社長を勤め、他方、俳諧の研究など文芸に造詣が深く、自らも俳句をよくした、当代の秋田を代表する新聞人であり文芸人であった。旧蔵資料は秋田県立図書館の時雨庵（しぐれあん）文庫に架蔵されている。

名所の花（前掲92では「花盛」）

遠近《おちこち》の空もひとつに三芳野の　雲にみちたる山桜かな（前掲92と同文）

夏の歌

得ならずや露置く草の玉毎に　映るも清き夏の夜の月

秋の歌

草深く荒れたる庭の露分けて　朝しも秋のいかで来ぬらん

女郎花

風通ふ秋の野もせの女郎花《をみなへし》　靡く色には露はこぼるれ

冬の歌

訪ふ人も猶跡絶えて降る雪に　憂きこそ積れ冬の山住《やまずみ》

続いて、「又彼（引用注、上人）が物のはしに書けるものに」として、次の一首を、何事も明ぬ暮ぬと営まん　身は限りあり事は尽せぬ

「又歌集あり、奥に書き付けられし歌は左の如くにて」として、次の一首をそれぞれ掲載した。

柴の戸に匂はぬ花はさもあらばあれ　詠めてけりな恥ずかしの身や

これより先、安藤和風は同人編著の『秋田人名辞書』昭和七年で立項した、芳陽軒阿證《ママ》の条で、歌集あり、奥に「柴の戸に匂はぬ花はさもあらばあれ　詠めてけりな恨めしの身や」と記した。これらによれば前述十四話と一部重複するが、第一に五首が掲載されてい

た「書物」が、はたまた一首が記されていた「物のはし」が存在するはずだが、筆者長年の探索にもかかわらず発掘し得ない。第二に「歌集あり」であるが、右巻物を指すとすれば、仔細に観察しても、右句を見付けることができない。どこから引用したのか、和風旧蔵資料を架蔵する時雨庵文庫（閉架式で調査に限界がある）などを調査してきたが、杳《よう》として分からない。

他方、和風は「芳陽軒阿證上人の和歌に付若干首紹介する処があったが（引用注、右七首を指すヵ）、其の歌集は何れに在るや今に伝はらぬ」と前書した上で、「自筆の和歌百首が秋田県図書館に蔵せらるゝを聞き、之れを借覧した」とてして、和歌三十一首を紹介された（秋田魁新報、昭和十年五月十一日夕刊）。これを考えると、「其の歌集」とは巻物とは別のようであるし、「今に伝はらぬ」とは多少不可解でもある。いずれにしても和風がどこから右七首を引いたのか今では謎である。

このほか平成二十一年、鎌倉市在住で角館ゆかりの早田雅美氏から恵贈された、同氏所蔵の義直記名の歌一首がある（十四話）。

三　安藤和風の歌評

新聞人で文芸に造詣が深かった安藤和風は、『秋田』に寄稿して間もなく、秋田県立図書館蔵の巻物を借覧し、これによって秋田魁新報昭和十年五月十一日夕刊に「阿證上人の和歌」の一文を寄せた。（巻物上の百首は）「一々歌題を附し、又は附せざるものあるも、便宜上之れを略することにした」として、三十一首を春夏秋冬恋無常の六分類で次のとおり掲載した。

春	07	68	78	08				
夏	93	96	97	21	70			
秋	15	47	49	99	84	60	58	94	69
冬	26	29	35	66	54			
恋	44	57	74	77	80	90		
無常	19	20						

そして、これらの歌につき次の歌評を与えた。則ち、「今四季恋無常三十余首を抄録せんに、歌風は優雅にして、些かの不平もない、間々技巧を弄したと覚しきものあるも、甚だしきでない。」「歌風は素人離れして、古人を忍ばれ、必ずしも、凡庸の俗歌でなく、歌

人としても伝うべきものである。

四　筆者の所感

上人の和歌百首を通観すると、大体が花鳥風月を題材としていることに気付く。その詠みぶりはおおむね様式的か観念的なものが少なくない。いわば新古今集などの歌の系譜である。その中で万葉歌調の写実的な実詠を感得させる歌もある。上人の真情を吐露したと思える歌である。

目立つ題材をあげると、最も身辺の「わが宿」における季節の移ろいを題材とする和歌（題名を含む）が六首ある（09、10「宿ながら」、45、51、60、72）。定住を予定しない行雲流水の黒衣の僧とする立場からすれば、上人にとってたとえ立派な僧堂でも、仮の宿なのであろう。これに対して明白にも「わが家」と詠じたもの（04）、「わが庭」と詠じたもの（12）が各一首ある。

他方、出家であるので、「人を待つことは無けれ」（17）、「訪ひくる人の跡も無き」（27）ではあるが、なお人との交誼は断ちがたいものがあったのであろう、文であろうか歌であろうか、「人に遣しける」が三首（13、33、34）、また実際に訪ねて来る「君」や「友」があったことを伝える、「雪踏み分けて訪ひし君かな」(12)、「思ふ友帰り侍りければ」(95)がある。さらに、時に出掛けることがあったのか、それとも想念の世界なのか、「今日は片岡に若菜摘むなり」(08)、「嵯峨野を通る」(21)、「今日は春日野にあざみ採るなり」(64)という歌がある。

ところで後半五十首では待恋、恨恋、恋の歌、忍恋などの題で、意外にも恋の歌が十二首もある。仏門に帰入したはずの墨染めの上人が何故このような歌を遺されたのか不思議だが、平安期に活躍した出家吟行《ぎんぎょう》の西行法師や、平安末鎌倉期に歌を詠んだ天台座主《ざす》の慈円や仁和寺宮《にんなじのみや》の守覚《しゅかく》法親王にも恋歌が少なからずあって、こうした歌は歌会や歌の贈答での一つのたしなみでもあったようである。一説に失恋によって出家したと伝わる西行の歌は別にして、上人や慈円、守覚など仏僧の恋歌はいずれも思念の域を出ない。このような恋歌は仏門にあってなおゆらぐ情念を昇華させるとして許容されたものか、それとも仏門にありながらなお離れがたい俗世と結ぶ風流なのかは分からない。いずれにしても日本の仏教は伝統的に黒衣の僧が恋を題材とする歌詠みを許容し、世間もそれを賞する風潮があるが、考えてみれば奇妙である。ちなみに和歌43は、「忍恋といふ題」にて「詠合ひ」したときの歌と伝える。ただし歌会の題は多様だったのであろう、和歌47は日常的な「田家月」という題で詠まれた歌である。

なお、巻物の掉尾には慶安三年正月十八日の日付が記されてある。慶安三年（一六五〇）は上人三十九歳であるが、以後、四十五歳の入寂までにも詠んだであろう歌が伝わらないのは残念である。

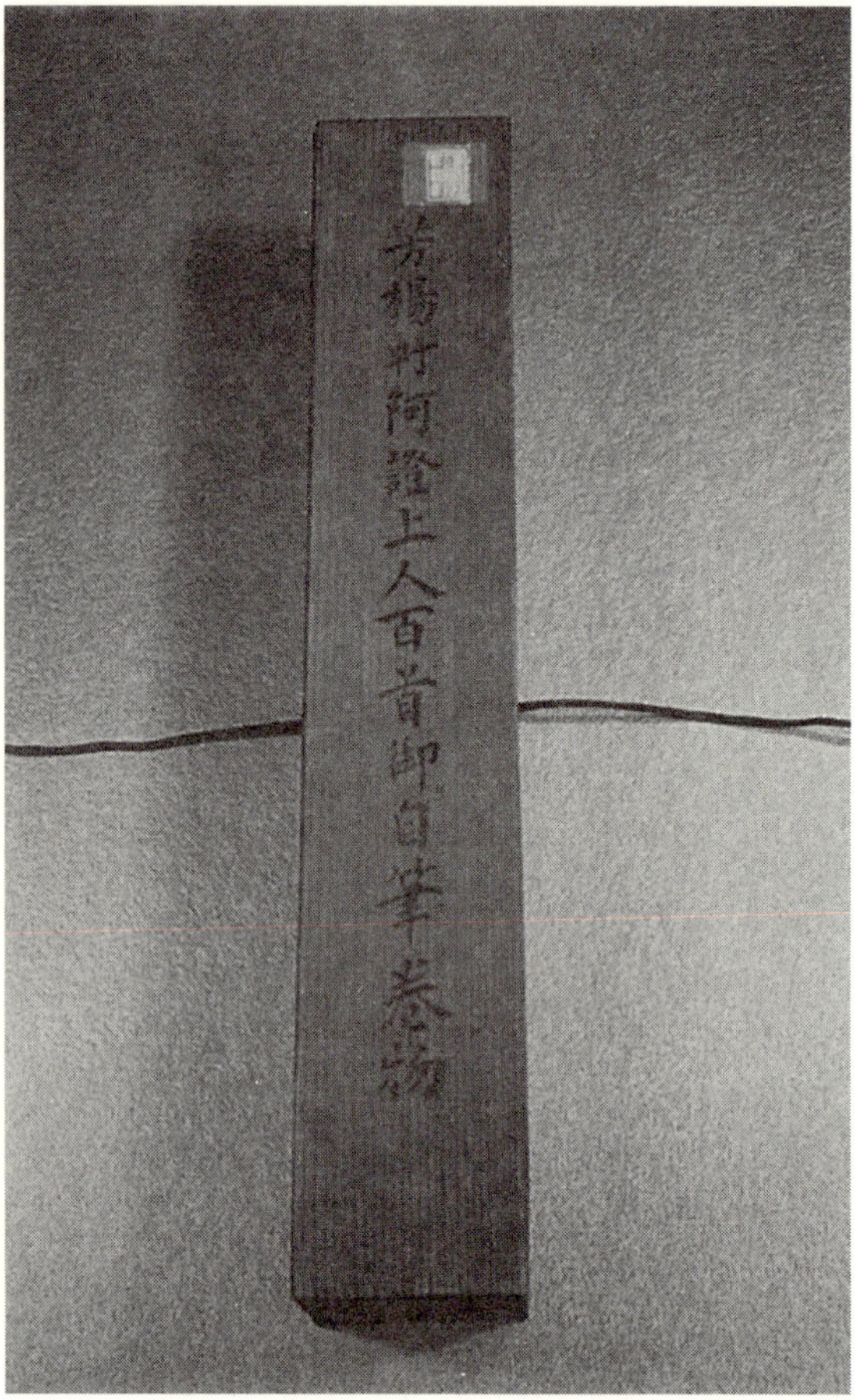

上人和歌百首巻物入箱（秋田県立図書館蔵）

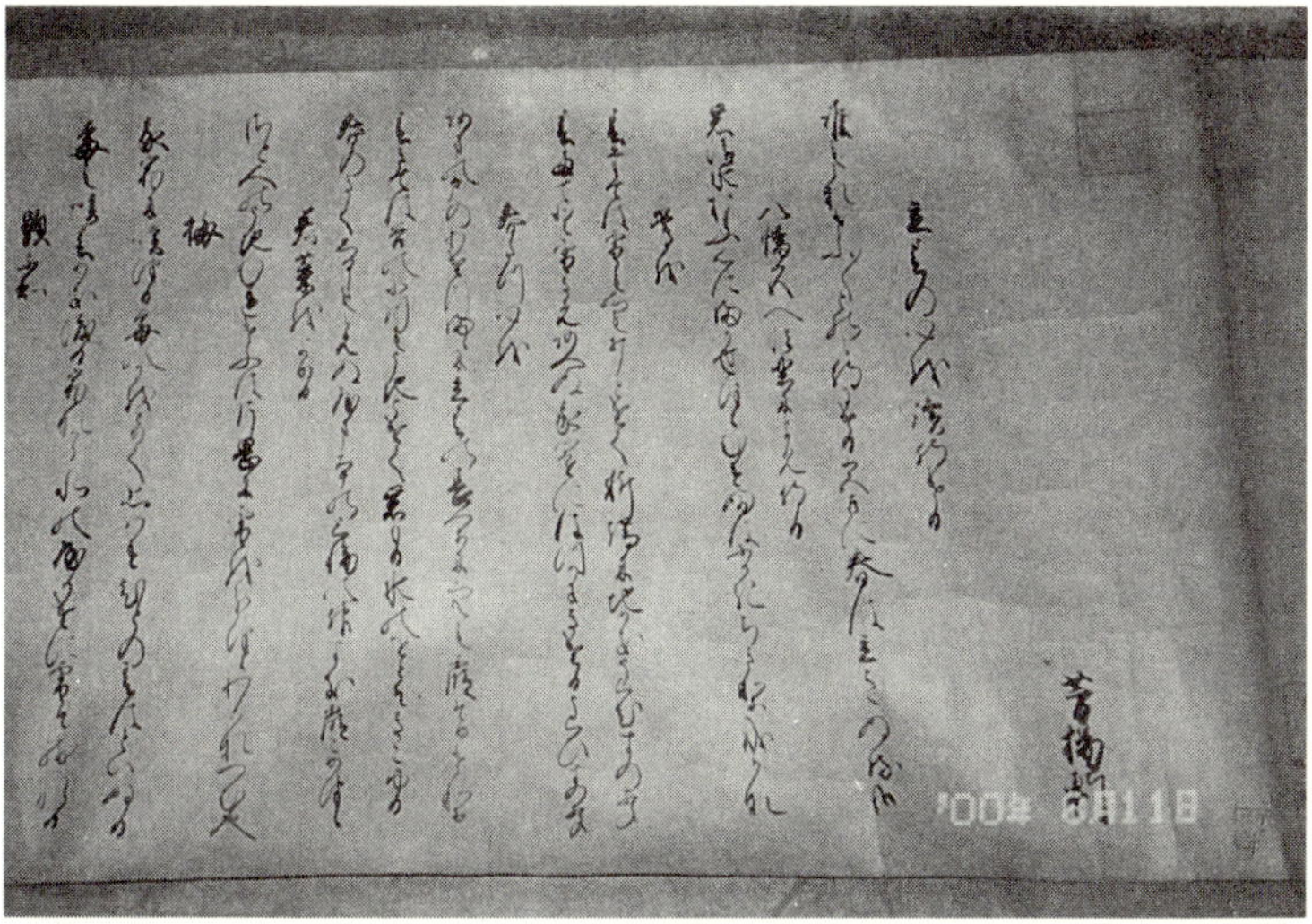

同巻物首部

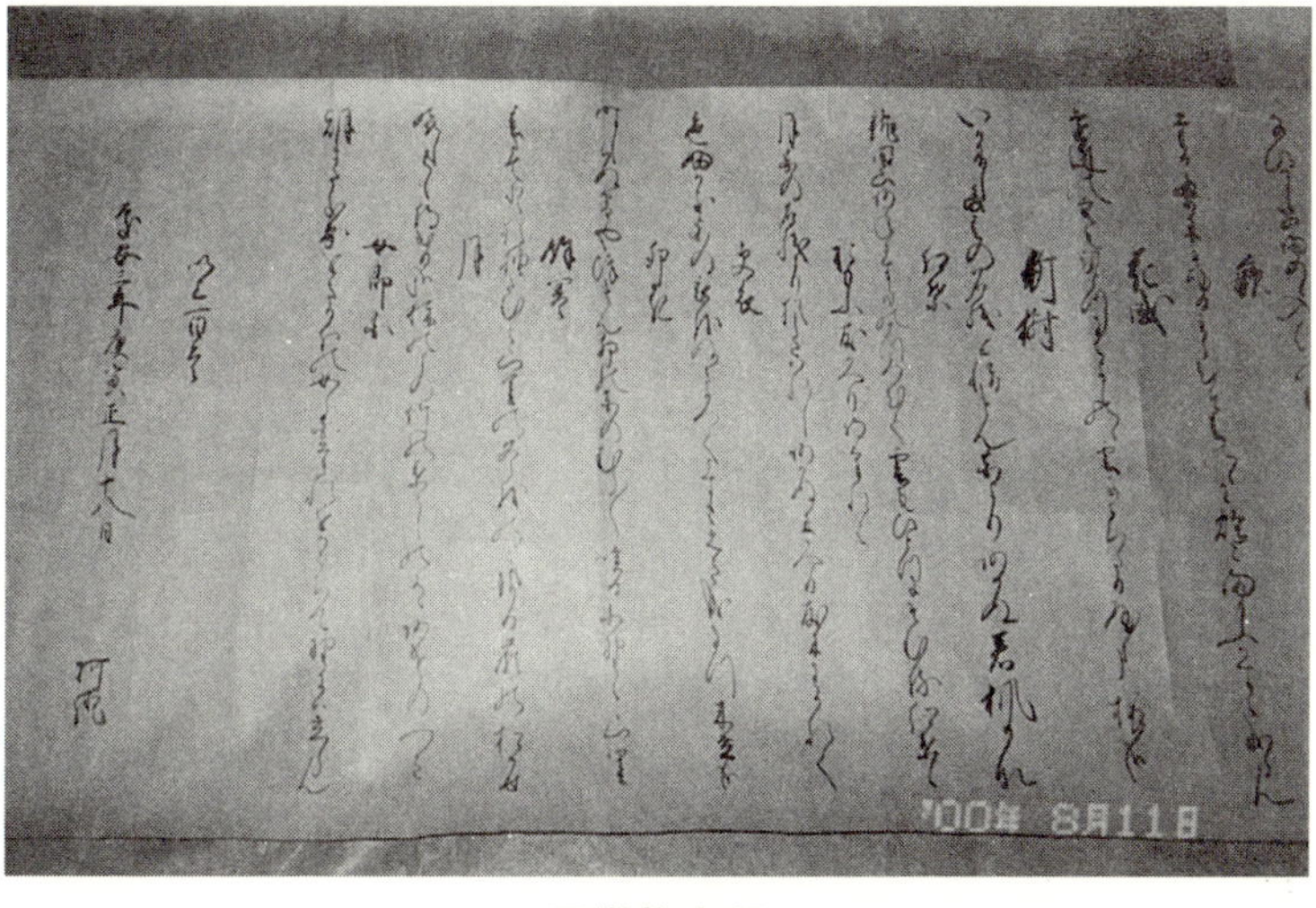

同巻物末部

第三章　伝　記

伝記一　尊寿院伝記（仁和寺所蔵、Ｄ本）

解題、凡例

一　『尊寿院伝記』は仁和寺の顕證上人（一五九七～一六七八）が、仁和寺の院家である尊寿院の歴代院主の資料を編集して成立した伝記である。古藤真平氏の研究によれば、諸本は草稿本（仮にＡ本、Ｂ本）が二点、清書本（Ｃ本、Ｄ本、東京大学史料編纂所本）が三点の、計五点である。Ａ～Ｄ本は仁和寺所蔵で、史料編纂所本はＤ本の影写本である（古藤真平「『尊寿院伝記』の研究」『仁和寺研究』第二輯、古代学協会、平成一三年）。

一　阿證条は、Ａ本が「阿證阿闍梨当院中興」、Ｂ本が「阿證禅師寂尓房」とのみ記す（ただしＢ本には阿證以後の尊寿院経過の記述がある、後掲）。Ｃ本、Ｄ本は内容、字配りともほぼ同じで、右「研究」にはD本の翻刻が掲載されてある。阿證条の成立年代は古藤氏の推定では、A・B本が顕證の最晩年、C・D本が顕證の遺志を継ぐ人物の顕證没後の記述という。なお上田芳一郎「尊寿院阿證」(『秋田』昭和十年三月号)に掲載され、典拠が不明の『尊寿院伝記』とは一部異同がある。以下では古藤氏の研究にならい、D本の翻刻を掲載する(古藤氏には読解で貴重なご教示を賜った。厚く感謝したい)。

一　原漢文。段落、小題、ルビは筆者が付した。

第一段、遁せんと欲す

尊寿院中興たる寂尓《じゃくに》阿闍梨、法諱《ほうい》は阿證。其の俗姓《ぞくしょう》は源、其の氏は佐竹。清和天皇の後胤《こういん》にして、源義家が弟新羅三郎義光の裔《すえ》、而して常陸介《ひたちのすけ》義重の五男なり。母は細谷氏。其の兄たる、左中将義宣が養う所の子たり。名は義継、曰く彦次郎、已《すで》にして嗣子《しし》たり。其の性は隠逸《いんいつ》を好み、心は栄辱《えいじょく》に在らず。而して窺時《きじ》其の身を遁《とん》せんと欲す。寛永三年《一六二六》丙寅、其の歳十有五。微事《びじ》を以て、遜国《そんこく》を遂《と》ぐると云う。高操清介《こうそうせいかい》と謂いつべし。

第二段、一に仏乗に帰心す

洛《らく》に潜入し、其の第《てい》に居すこと 第は四條柳馬場に在り 有年。ここに而して一《いっ》に仏乗に帰心し、夙夜《しゃくや》崇め奉る。既に而して洛西槇尾《まきお》の山に登り、三帰五戒を受く。或いは仏名会《ぶつみょうえ》に詣で、終夜三千仏名《さんぜんぶつみょう》を礼《らい》す。また金胎毘盧遮那《きんたいびるしゃな》像千体及び悲願の金剛像千体を塑《そ》し、而して道俗に結縁《けちえん》す。また伽藍《がらん》毎に建立せし宝篋印塔《ほうきょういんとう》は数基 今当院の後園に一基有 其の余の浄業は勝《すべ》て計るべからざるなり。以て寛永十五年《一六三八》戊寅二月十五日槇尾比丘《まきおびく》たる行空大徳に随い、落髪染衣《らくはつせんい》す。是《ここ》に於て年二十有七。特に真言秘教に帰依す。既に而して仁門大王《にんもんだいおう》に啓事し、且一舎の地を乞う。是れに因って一品大王覚深《いっぽんだいおうかくじん》、其の志意を感させ、之れに賜うに尊寿院の故趾及び其の寺地を以ってす。乃って一宇《いちう》を創《そう》するを遂ぐるなり。然るのち密乗院宥雄《ゆうゆう》法印の室に入り、而して三密瑜伽《さんみつようが》の法を学ぶ。十八道より始め、護摩火壇に至り、薫修《くんしゅう》を叮嚀《ていねい》すなり。承応元年《一六五二》壬辰九月一日を以て潅頂密壇に入り、五智法水を沐《もく》し、諸尊法要を続伝す。勉むと謂《い》いつべし。

第三段、苦悩なく安然と化す

明暦二年《一六五六》夏微患を示す。医薬効ならずして、病は日に篤く、而して将に死せんとす。因りて某氏《それがし》伝統の事を大王に上《たてまつ》る。今匣中《こうちゅう》に其の一書存せり。また法住庵上人に遺命して曰く、我は常に此寺の興隆を欲すれど、いまだ之れを遂げず。今や逝かんとす。遺憾なることと唯此れに在るのみ。仰ぎ願わくは、上人、我が志を継紹し、其れが坊舎及び聖教物具等を以て、悉く与うと。則ち閏四月八日申《さる》の刻《こく》、苦悩なく安然《あんねん》と化《け》す。春秋四十有五。惜しい哉、年は徳を配せざると謂うべし。延宝三年《一六七五》乙卯四月八日、大王性承《しょうじょう》、其の徳を仰ぎ、法印を追贈す。

(語注)

・阿闍梨／(梵)アーチャーリヤ。師範、軌師範又は正行(しょうぎょう)と訳す。弟子の行を正し、その規範となる高徳の師。
・法諱／仏門での諱(いみな)。諱とは貴人の生前の実名とも、貴人の死後に敬ってつけた称号ともいう。ここでは前段の意。
・裔／すえ。子孫、末裔。
・義継／秋田下向以降の実名(研究六)。
・遜国／国をゆずる又は国をのがれる。
・高操清介／高いみさおをもち、心が清らかで孤立するさま。
・第／やしき、いえ。邸宅。

・夙夜／朝早くから夜おそくまで。
・槇尾の山に登り／槇尾山西明寺をいう。別称を平等心応院という。古義真言宗。高尾（雄）山神護寺、栂尾山高山寺の中間にあって三尾の一。紅葉の名所。
・三帰五戒／三帰は仏法僧の三宝に帰依すること。五戒は仏法上の五つの戒である不殺生、不偸盗、不邪淫、不妄語、不邪見をいう。出家修行の初めに行なわれるもので、上人は正式にはこの段階で出家し僧になったものと思える。
・道俗に結縁す／自塑した毘盧遮那像、金剛像千体を頒《わか》つことによって寺院（道）や信者（俗）と縁を結んだということらしい。
・寛永十五年／正しい干支は戊寅。
・仁門大王／仁和寺の門跡の親王をいう。ここでは覚深法親王をさす。
・啓事／心を啓（ひら）いて事（つか）えることか。
・三密踰伽／三密は身・口・意の三業、踰伽は相応という意。身密、語密、意密の加持渉入相応の極致が真言密教のさとりの境地とし、ここに至る行法をいう。
・十八道／密教僧が修する十八道。金剛界、胎蔵界、護摩からなる四度加行《しどけぎょう》のなかで最初に行なう行。
・護摩火壇／護摩法を修する壇で護摩壇、火壇をいう。

・薫修叮嚀／かんばしい修行をし、物事に丁寧に、念を入れること。
・潅頂密壇／真言宗で仏門に入る人や地位の上がる修業者の頭上に香水を注ぐ儀式に用いる壇をいう。正覚壇（また小壇）ともいい、大壇よりは小形で方形。
・五智法水／潅頂で頭上に注がれる香水、五智瓶水ともいう。
・某氏／それがししと読んで阿證上人のことか。
・匣中／はこ、てばこ、ふたつきの小箱。
・継紹／継承のことか。

注一、一品大王覚深親王
一品は位階一位。大王は前掲。親王は天皇の男の子又は孫。よって位階一位の親王たる仁和寺門跡の覚深をいう。世代／仁和寺二一代、御室／後南御室、皇系／御陽成天皇第一皇子、名／良任、法名／覚深、生年／天正一六（一五八八、没年／正保五（一六四八）。秀吉時代に皇太子に冊立されたが、のち徳川氏をはばかられて仁和寺に入御され仁和寺再興の約を得た。現在みる大伽藍を建立した英主。
注二、法住庵上人
法名／顯證、字／一音、生年／慶長二（一五九七）、没年／延宝二（一六七八）。仁和寺

の学匠。寛永一一（一六三四）弘法大師八百回忌を厳修、また寛永年中の仁和寺再興に覚深法親王をよく補佐した。阿證上人の遺言によって尊寿院の堂宇、聖教物具等が与えられたが、系譜は別である。

注三、大王性承

世代／二二代、御室／後大御室、皇系／御水尾天皇第三皇子、名／周敦、法名／承法《じょうほう》又は性承《しょうじょう》、生年／寛永一四（一六三七）、没年／延宝六（一六七八）。性承も「一品法親王」であったが、自筆につき大王とのみ略記したものであろう。この一文は性承が阿證上人の「徳を仰ぎ、法印を追贈す」るために筆を執ったものである。

注四、其の性は隠逸を好み、心は栄辱に在らず

「志が高く俗世間にそまらないことを好み、心は名誉とか恥辱を何とも思わず脱世間的であった」と解釈される。これは性承が阿証上人の性格を評したものである。

注五、微事を以て遜国を遂ぐ

上人（義直）が居眠りの一件で主体的に久保田藩世嗣の座を降りたことを意味する。性承の書きぶりとして注目される。

注六、洛に潜入し其が第（第は四条柳馬場に在り）に居

秀吉から伏見に屋敷を給されたが、京都市中に屋敷をもたなかった義宣は元和五年（一

六一九）八月、宗喜の斡旋で表九間半の屋敷を京都四条柳町に買った。第はこの京都屋敷をさす。

注七、金胎毘盧遮那像千体を塑し、金剛像千体を悲願す

伊頭園茶話に「横手正光院千躰佛八、尊寿院芳揚軒阿證法印様御自作にて、御末期ニ菩提のため御附」とある。正光院は明治三十六年火災のため伽藍を焼失、その後復興ならず廃寺になった（三浦賢堂『鱗勝院誌』昭和五三）。この他、ここでは「大日如来一体、御室尊寿院様千体仏之内」（佐々木義一郎『三輪神社と吉祥院』昭和三一）、「大日如来一体、御室尊寿院様」（『三輪百年祭記念誌』平成元）によって羽後町三輪神社の大日如来一体を指摘する（委細は九話）。

注八、年は徳を配せず

有徳であったが長命しなかったということ。「寿を欠く」ともいう（伝記五）。長命ではないが、厄年四十二歳を経過し当時では必ずしも短命とは云えない。よって、これは上人の生涯から長命であれかしという願いに対してそうでなかったという感慨の表現であろうか。ちなみに性承の寂年は四十二歳である。

尊寿院中興寂尓阿闍梨、法諱阿證。其俗姓源、其氏佐竹。(私注、改行) 清和天皇之後胤、源義家弟新羅三郎義光之裔、而常陸介義重之五男也。母細谷氏。為其兄左中将義宣所子養、名義継、曰彦次郎、已為嗣子。其性好隠逸、心不在栄辱。而欲竄時遁其身矣。寛永三年丙寅、其年十有五矣。以微事、遂遜国云。可謂高操清介也。潜入于洛、居其第。第在四條柳馬場。有年。于茲而壹帰心於仏乗、夙夜崇奉焉。既而登洛西槙尾之山、受三帰五戒。或詣仏名会、終夜礼三千仏名。又塑金胎毘盧遮那像千體体及悲願金剛像千體而結縁於道俗焉。又毎於迦〔ママ、伽〕藍、建立宝篋印塔者数基。今当院之後園有一基。其余浄業、不可勝計也。以寛永十五年戊〔ママ、寅〕丑二月十五日、随槙尾比丘行空大徳、落髪染衣。於是年二十有七矣。特帰依真言秘教。既而啓事於 仁門大王、且乞一舎之地。因是 一品大王覚深、為感其志意、賜之以尊寿院之故趾及其寺地、乃遂創一宇也。然後入密乗院宥雄法印之室而学三密瑜伽之法。始自十八道、至護摩火壇、薫修叮嚀也。以承応元年壬辰九月一日、入潅頂密壇、沐五智法水、続伝諸尊法要。可謂勉矣。明暦二年夏、示微患。医薬不効而病日篤而将死。因某氏上伝統之事、於 大王今匣中存其一書。又遺命於法住庵上人曰、我常欲興隆此寺、未遂之。今也逝。遺憾唯在此已。仰願上人継紹我志。以其坊舎及聖教物具等、悉与之。則閏四月八日申刻、無苦悩、安然化。春秋四十

有五矣。惜哉。可謂年不配徳也。延宝三年乙卯四月八日、　大王性承、仰其徳追贈
法印。

○尊寿院伝記（B本、部分、原漢文）

当院廃絶して遥かに久し。然るに寂尓房出家の後、此の屋地を賜い、草庵を結ばれぬ。院立の中興也。然りと雖も幾程無くして入滅せらるるの間、寺用を置かず無縁の地となす。予譲与を以て伝えらるると雖も、清貧限り無きの身、更に相続するに其の憑《よるべ》無し。然れば年月漸く移り、忽ち朽損に及ぶ時、誰が人ぞ修造を加え可けん哉、常に哀歎する所也。予申す里の御方、聊か寺用を差分し且は修理を加え給う可く候也。寛文十二年《一六七二》壬子佐竹右京大夫（義処）殿より毎年拾石、京着を以て寄附有るの由、梅津与左衛門申上げらる。訴訟を申入れざるの処、御沙汰の条感悦の至り也。殊に屋形御母光聚院殿懇切なる御志の段、浅からざる事也。仍て当院（家）相続の事、御気色を窺い奉るの処、相違有る可からざるの旨、仰せ出されおわんぬ。珍重々々。若し余命有らば、後葉の為め清書せしむ可き也。

（注）傍線部は抹消箇所。

当院廃絶遥久了。然寂尓房出家之後、賜此屋地被結草庵。院立之中興也。雖然無幾程被入滅之間、不置寺用為無縁之地。予以譲与雖被伝之、清貧無限之身、更相続之、無其憑。然者年月漸移、忽及朽損。誰人可加修造哉、常所哀歎也。予申里之御方、聊差分寺用且可加修理給候也。寛文十二年壬子従佐竹右京大夫（義処）殿毎年八木（ママ）拾石、以京着有寄附之由梅津与左衛門被申上了。不申入訴訟之処、御沙汰之条感悦之至也。殊屋形御母光聚院殿懇切御志之段、不浅事也。仍当院（家）相続事、奉窺　御所之処（御気色）、不可有相違之旨、被　仰出了。珍重々々。若有余命、為後葉可令清書也。

伝記二　尊寿院元祖開基記（其の一）

解題　山下惣左衛門所持（『国典類抄』前編賓部十）。原漢文。

当院中興寂尓阿闍梨法印和尚位、法諱阿證、姓は源氏、清和天皇の後胤、佐竹常陸介義重の第五男なり。而して既に家督し父の業を将継す。然りと雖も気稟隠逸《きりんいんいつ》を好み、屑世《せつよ》の栄常を冀《ねが》わず。時を窺い其の身を遁《かく》す。幸い故有って、旧郷を竟離《きょうり》し、地境を去る。恰《あたか》も無畏の走類を彷彿す。邦は貪らずと謂いつべし。洛僑に潜入し、四条廓市《かくいち》に居ること数年、偏《ひとえ》に仏乗に帰心し、旦夕《たんゆう》崇め奉る。或は洛西槙尾山に登り、三帰五戒を受く。諸仏名会に終夜三千仏名を礼し、また金胎毘盧遮那像名千躯、并に悲願の金剛像千躯を塑し、道俗の男女に結縁す。また所々の伽藍に於て宝篋印塔数基を建立す。其の余の浄業、毛挙に遑《いとま》あらざるなり。寛永十五年月日槙尾山行空大徳を以て落髪染衣せしむるを遂げ、殊二真言秘教に帰依すること深し。之に依って御室に啓事し、仁和寺中に一片の地を乞い奉る。宮、其の志切なるを感じ、尊寿（院）跡及び其の地を以て賜う。歓躍《かんやく》の至りに堪《たえ》えず。速やかに一宇の坊舎を創し、尊寿院を号すなり。然る後、密乗院宥雄法印の室に入り、十八道より始まり護摩大壇に至る三密瑜伽《さんみつようが》の法門を学び、薫修叮嚀《くんしゅうていねい》すなり。承応元年九月日を以て潅頂密壇に入り、五智法水を沐し、諸尊法要の続伝に勤むと謂うべし。明暦二年夏微恙《びよう》を示し、医薬効ならず、病は日に重く遂げ、漸く末期に臨み、法住庵上人に遺言して曰く、我尋常に此寺の興隆を希望すと雖も、果たさずして果て逝く思い在り。此に唯上人の懇志を仰ぎ、已に即ち坊舎物具聖教寺を以て、悉く之れを与う。上人固辞能わずして許諾す。終に閏四月八日申刻、苦悩なく安然と化す。春秋四十七。夏臈《げろう》廿。不幸短命を惜しむべき者なり。

伝記三　尊寿院元祖開基記（其の二）

解題　山下惣左衛門所持（『国典類抄』前編賓部十）。原漢和混交文。

仁和寺尊寿院中興開基贈法印阿證和尚

佐竹常陸介源朝臣義重五男、母細谷久兵衛女 記録別ニアリ、童名申若丸、慶長拾七壬子生、初北又七郎義廉ト成ル 考義廉養子ト成ル、後元和七年辛酉年佐竹右京大夫義宣継子ト成、改彦治郎義直 尊寿院過去帳義継トアリ、寛永三年丙寅故有テ勘気ヲ蒙ト云、于時拾五歳、此時東都ヨリ洛下公邸ニ来往、居トモ云、未詳

一寛永十五戊寅年二月十五日出家ス、号芳揚軒阿證、又寂尓トモ言、二十七歳

一正保三丙戌年二月従仁和寺入道一品親王覚深、尊寿院之号并寺内、阿證和尚賜之

一慶安四辛卯年院跡建立、此時始而尊寿院 江 入寺、当院中絶及一百八十年、慶安四年再興

年暦ヲ考ニ応仁之兵乱廃壊スル乎未詳

一承応元壬辰年九月十一日阿證和尚、伝法潅頂従密乗院雄応《ママ》法印伝之、尊寿院之法流は忍辱山流ト号、此時阿證和尚、為当院法流之為中興祖師、其趣伝記有之

一明暦二年丙申閏四月八日申ノ尅、阿證和尚遷化、寿四十五 考四十七御遷化トモ有 享保十六辛

亥迄八拾一年ニナル、洛西法金剛院ニ葬

一延宝三乙卯四月八日従仁和寺入道一品親王性承、阿證和尚贈法印賜之

一阿證和尚細谷久兵衛女、正保元甲申十二月三日亥刻死、遺言鱗勝院葬、法名源山昌永大姉　田崎・根田・菊池・赤津葬祭之由連署有り（抄）

一彦次郎様於江戸御勘気被蒙、江戸より直々京都御屋敷へ御登　考後藤七右衛門日記ニ寛永五年高野へ御暇御頼相済候ト相見候へハ江戸ヨリ直々京都へ御登ニ無之哉　其時分若殿様附之面々、御供仕罷登候へとも、不残被帰、小倉半兵衛抔残り、御奉公仕候よし、寛永三年ニ候得は、彦次郎様拾五歳之御時ニ候、半兵衛元和元年之生ニ而、寛永三年は拾二歳ニ御座候時勢ニ而、左様ニも可有之候へとも、外ニも相勤候人有之候哉、不詳

一梅津主馬政景日記ニは、於江戸彦次郎様御勘気被蒙候節、誰々被差添、秋田へ御下被成候よし有之旨、及承候

一右御勘気之義、於江戸御殿中、仙台中納言政宗より辱を被受、依之御勘気之よし被伝候、政宗も寛永十三年ニ死去被成候よしニ候へは、時代も相違無之候

一御出家以後、秋田へ御下、暫被成御座候よし、其後、山城音滝と申処にも暫被成御座、執行ニ御出被成候由承候、寛永拾五年御出家、正保三年ニ尊寿院被仰請候よしニ候、此間八年ニ候へは、左様も可有之候哉、御出家御願之節、御年寄中より御返答に、御出家

被遂候へ而も、是迄之如く御屋敷ニ御入可被成候由、御意之趣有之候、又は御合力も可
有之候へは、処々御執行之義如何之事
一御合力等之書付ハ別紙ニ有之候故略之

伝記四　百首和歌箱中文書

（美濃判和紙罫紙一枚、秋田県立図書館蔵）

解題　原文は漢文体。作成又は書写年代は不明。手がかりは文中の「現住法親王」であるが、いずれにしても後世の写であろう。

闐信公五男、母側室細谷氏助兵衛某女。慶長十七年《一六一二》壬子十月生まる。幼名申若丸。初め北又七郎義廉の養子。元和七年《一六二一》辛酉六月十七日秋田を発し江戸へ往く。七月天英公①の嗣子と為る。同月七日首服②を加し、彦次郎と改名す。同日諱を義直と称す。のち諱を義継と称す。同年十一月十四日台徳院殿③に謁す。寛永三年《一六二六》丙寅三月廿一日故有りて廃せらる。同月廿三日江戸を発し、四月十日秋田に到り一乗院に入る。後年京師に入り薙染し芳揚軒阿證と称す。仁和寺一品覚染親王、塔中廃寺尊寿院を賜い中興たらしむ。明暦二年《一六五六》丙申閏四月八日

化す。享年四十五。延宝三年《一六七五》乙卯四月八日一品性承法親王法印の号を贈る。宝暦五年《一七五五》乙亥四月八日現住法親王、先の法親王の遺命に因って上人の号を追贈す。

①秋田佐竹初代藩主義宣。②元服。③徳川二代将軍秀忠。

伝記五　『密教大辞典』阿證条

解題　上人の存在と業績は夙に宗門系学者に知られていたらしい。真言密教宗派の協同によって刊行された『密教大辞典』（密教辞典編纂會編、内外出版、昭和六年）に阿證条が置かれた。また昭和四十三年、同辞典を再刊した『密教大辞典』（密教大辞典再刊委員会編、法藏館）に同文をもって阿證条が再掲された

仁和寺尊寿院中興。常州佐竹中将義宣の弟なり。始は北義廉の遺跡を継ぎ、後に義宣の嗣子となる。江戸城猿楽の時眠りたりとて伊達政宗の為に咎められ、佐竹氏の菩提寺一乗院の宥増に従って出家す。仁和寺尊寿院を中興して僧正に任ぜらる。明暦二年《一六五六》閏四月八日寂す。寿を缺く。

①菩提寺は誤り。祈願寺または祈祷寺。②寿を缺くは長命でなかったの意。

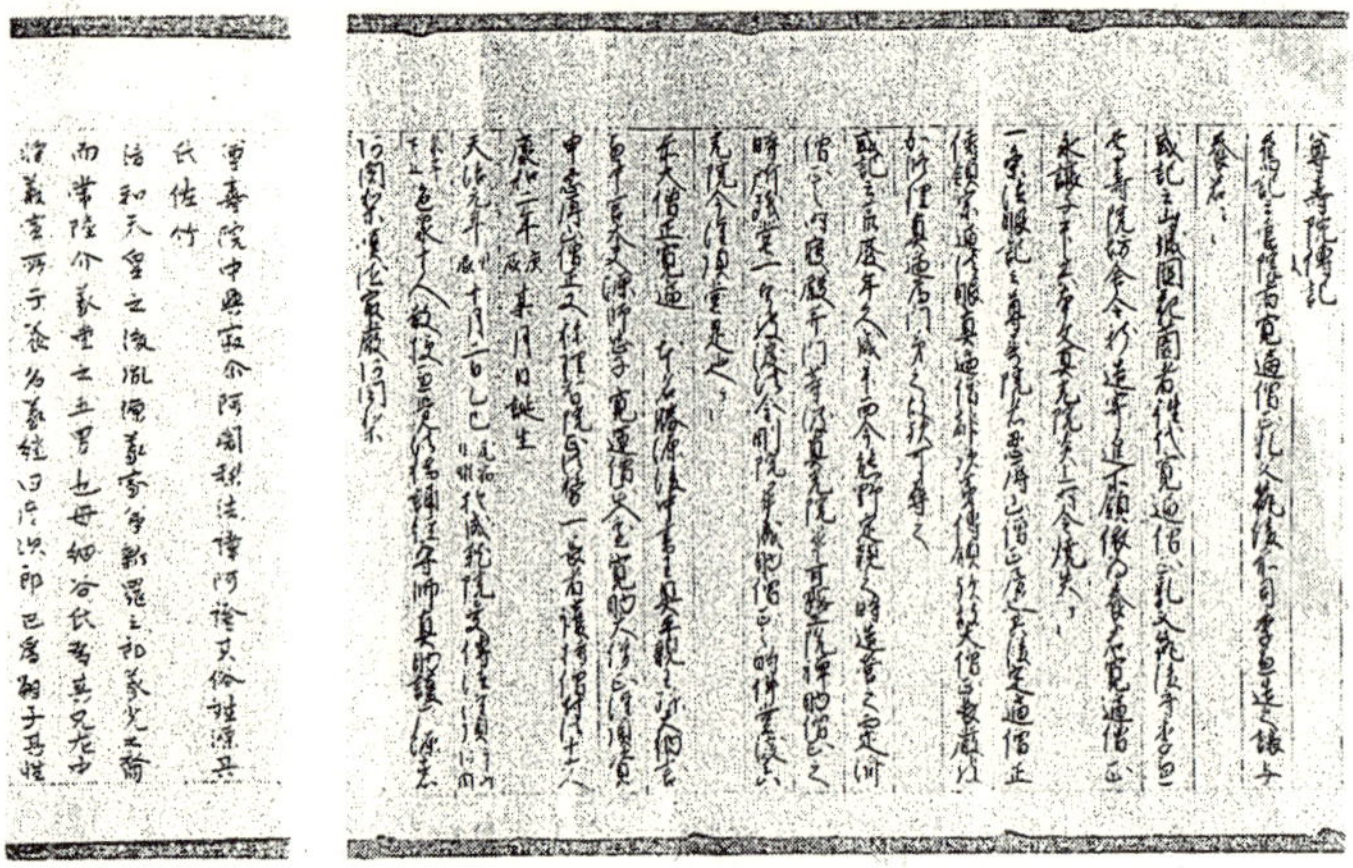

尊寿院伝記（仁和寺所蔵、巻首および阿證伝一部）

（出所）『仁和寺研究』第２輯

⑥　⑤　④　③　②　①

上人署名花押

①元服（10歳）以降、主として世子時代（和歌春日詠）

②ひそかに滞京中の頃か（秋田藩家蔵文書、岩堀文書）

③高野山上希望、27歳の頃か（同、柿岡文書）

④永々在京中（同、阿久津文書）

⑤和歌百首署名、42歳

⑥寂前日、45歳（同、池見・小倉文書）

第四章　特定研究

研究一　居眠り一件

寛永三年（一六二六）三月二十一日、上人（当時義直）は藩主義宣に随行して江戸城本丸で催された御能興行を陪観した。これが運命の分岐となった。このことに関して最も信頼のおける史料は、当時義宣に近侍して江戸滞在中であった梅津政景の『日記』である。読み下してみよう（同日条）。

御本丸にて御能相済み、番数九番あり。彦二郎殿にも御登城、御能御見物、これに就き、御帰り（の）屋形様御腹立ニハ、兼々御不届ニ思し召され候へ共、今日いよいよ御覧し限られ候間、早々ニ秋田へ御下なされ候ようニ仕るべきよし、拙者に仰せ付けられ候

ここでは義宣が「今日いよいよ御覧し限られ」た理由は明かされていないが、義宣が政

景に語らなかったのか、政景があえて記さなかったのかは判らない。次に享保十二年（一七二七）初代義光から二十三代義処までの家譜の清書が完成した『佐竹家譜』中の、『義宣家譜』によれば次のとおり。

義宣退出の後、政景をして義直に謂はしめて曰く、兼日不行義たりと雖ども、今日猶不行義甚だ奇怪たり。早く秋田下向すべしと（古老伝て云。今日営中に於て猿楽の内、眠に就く。伊達政宗傍に在て義宣の膝を擁して是を告ぐと云）。

この記述は関ケ原の戦いおける義宣の進退などと共に、藩内史家で慎重な論議を経たに違いないが、本譜では、「古老伝て云」という間接話法をもって居眠り一件を伝える。ただし古老であっても自ら見聞したことではない。うわさ等の伝聞を云ったものである。ちなみに『佐竹家譜』では所々に「古老伝て云」がある。出所や出典が分からないか、明示しにくい事柄を記すときの用法であろう。なお宝永六年（一七〇九）秋田藩士小野崎弥一兵衛が遺した「覚」（付四）によれば、寛永十七年（一六四〇）京より下国した祖父の伝として、「少し午睡《ごすい》なされ候、其の節仙台伊達中納言政宗公ご覧、悪口なされ候故、義宣公様、御子ト遊ばされず候」と記してある。このような風聞が寛永十七年の時点で既にあったことを伝える。

ところで本当に政宗にそのような行為があったのかは知る由もないが、事実とすれば理由は何であったろうか。政宗と義宣は従兄《いとこ》で、当時は徳川幕府に等しく恭順する関係であったが、若年から戦闘を交えたライバルでもあった。そうした政宗が義宣不興を感得していたか、うわさを聞き込んでいて、近藩の継嗣問題に一石を投じたものかなど様々に思案させられるが、政宗一流の魂胆があったに違いない。他方、『尊寿院伝記』（伝記一）によれば次のとおり（原漢文）。当時の義直は自らの意志で、小事を契機に世子の座を降りて、国ゆずりを成し遂げたと説く。

其の性は隠逸を好み、心は栄辱《えいじょく》に在らず、しかして時を窺い其の身を遁《とん》せんと欲す、寛永三年丙寅、其の年十有五たり、微事《びじ》を以て遜国《そんこく》を遂《と》ぐと云う。

このような居眠りや政宗の行為は後世に付会されたか誇張された可能性があるが、全くの作り話とか物語とすることは出来ない。兼々不届ニ思し召され（『政景日記』）ていた義宣が、当日の義直の何らかの行状に腹を立て、爆発させてしまったというのが真相であろう。その深層には義直を取り巻く家臣団に対する不信があった可能性がある（研究四）。さらに義隆の影も否定できない（研究五）。律儀で沈着を伝える義宣としては異例であるが、当時の義宣には次代を義直と近侍の家臣団に任せては、佐竹家が改易されかねないという強迫観念が去来していたと推察される。その状況証拠の一つが、翌二十二日政景が下屋敷を訪ねて、義直に「秋田へ下し申し候へ」との義宣の命令を伝えると、義直は「色々仰せ分けられ」と記されていて、釈明されたのであろう、当初は納得していない様子である。これから推せば義宣には不祥事と思える事態によって日頃の不興を爆発させたのであるが、義直からすればその程度の不作法とか不始末だったのであろう。前々日は御能の御触で義宣と義直が登城したのであったが、大雨で中止になって帰った翌々日のこと、きっと春の陽気であったろう、御能九番が演じられたと伝え、十五歳の義直ならずとも睡魔に襲われたに違いない。

なお当時猿楽と能楽は未分化で、能の古称である猿楽という用法もあったが、本書では各史資料による。ところで御能九番の興行に要した時間はどの位であったろうか。『政景日記』を詳細に解説された渡部景一氏によれば、専門家から助言を得たとした上で、能の全曲を舞うと、脚本（謡本）にもよって異なるが、一曲一時間とみても、九番で九時間、五番でも五時間かかるが、簡略された半能とか舞囃子もあり、普通は見せ場の一節をやることが多い。それでも一番二十分とみても、九番では三時間ぐらいはかかると記してある（『続　梅津政景日記読本』）。

他方、久保田藩の歴史記録書に当たる『国典類抄』によれば、時代は下るが宝暦三年（一七五三）七代義明《よしはる》の代に、「御能御見物明《あけ》六前登城、暮六時御帰」（同年十月四日条）とある。午前六時頃前に登城し、午後六時頃に帰ったと伝える。さらに宝暦四年（一七五四）同じく義明の代に、「卯刻（午前六時頃）御登城、是れ今日御城に於て御能御見物仰せ付けられ御登城ニ付きて也」（同年十二月五日条）とある。このような早朝の登城と長時間に及ぶ出仕は義直の例でも可能性が高いが、大変な辛労だったに違いない。

研究二　廃嫡一件の「本質」

佐竹氏の世子、義直の廃嫡一件について、秋田大学教育文化学部教授の渡辺秀夫氏は、「ことの本質」はとして、次のように言う。

義宣は一五歳の義直を伴って登城し観覧していたところ、義直がうたた寝をしてしまい、それを見ていた伊達政宗に指摘され義宣が大いに恥ずかしい思いをしたため、と伝えられている。しかしそれは、ことの本質ではなかった。そうではなくて、岩城氏亀田藩を取り込もうとした義宣の思惑がその根底にあったと見るべきだろう（渡辺秀夫『戦国大名佐竹義重の生涯—常陸時代の佐竹氏』佐竹義重公資料集第二集、二〇一三年、一五九頁）。

これと同じ主旨を筆者は、平成十八年（二〇〇六）十二月九日、秋田大学史学会の「近世・近代史部会」で直接聞いた。この日筆者は当部会で「阿證上人の生涯」と題する報告を行なったが、これに対する批判として傾聴したのであった。氏の持論であるらしいが、真実であるかは疑わしい。当日の筆者のメモによれば、「嗣子義継は伝えられるような人ではなかったのではないか、居眠りの一件などは後世のためにする作り話」「義継の廃嫡によって義宣は岩城藩から義隆をぬき、その跡にまるで自藩のように舎弟宣家を押し込んだ」との説が出たとある（義継はママ）。これに対して筆者は、事件の直後に義宣から国元家老の梅津憲忠に宛てた、「総別《そうべつ》あの様成《なる》不届之者を跡職指置《あとしきさしおき》仕り、後日に身上《しんじょう》相果候へは、下々《しもじも》之《の》者《もの》こじきをする事に候」などと認《したた》めた書状（付三文書八ａ）を繰り返し読んでいたので、この文言を念頭に、批判は後代に有りがちな予定調和的な歴史解釈ではないかと慎重に反論した記憶がある。傅役《もりやく》岡本宣綱の辞任一件が去来したかもしれない。

研究会であれば批判と議論は当然であるが、当日は筆者の発表と反論に対して、会員で当時古文書を所管する公的機関に属する研究者から、意外にも「一文書一史実」「非科学の百史実」という暴論まがいの割り込みがあったため、論議が深まらなかったのは残念であった(注01)。この一件は秋田の歴史研究における閉鎖性や権威主義を表すものとして今でも消しがたい記憶である。

そこで渡辺氏の所説を右『資料集』によって見れば、岩城氏亀田藩の取り込みとは、元和八年（一六二二）最上氏の改易に乗じて、義宣は、「甥の岩城吉隆を信州川中島から由利郡に呼び寄せることに成功した。吉隆は一万石加増されて二万石となり、この翌元和九年（一六二三）、由利郡の亀田に転封となった」（右同頁）。「義宣はさらに動いた。岩城吉隆の亀田移封も一段落した寛永三年（一六二六）三月、一旦嫡子と決めた義直を廃嫡し、その翌四月には岩城吉隆一八歳を義宣の新たな嫡子とした」（右同頁、抄出）。「義宣のねらいは吉隆を自らの嗣とした後、亀田藩二万石の継承者に自分の意のままとなる人物を送り込むことだった」という（右同頁）。

この文脈に従えば、「義宣がさらに動いた」ことで義直を廃嫡に追い込み、その後に義隆（吉隆改名）を据え、亀田藩の取り込みを図ったと主張するようであるが、当時義宣はそのような馬鹿げた危険を侵したであろうか、甚だ疑問である。なぜなら大御所（秀忠）と将軍（家光）に拝謁を済ませ、幕府に認められた佐竹氏世子を勝手に廃嫡するには、関ケ原の戦後に秋田へ左遷され、幕府には細心の注意と警戒を要した義宣には、余程の覚悟を伴うからである。また吉隆が義宣の工作で亀田藩二万石に移封になった以上、さらに義宣が亀田藩に「自分の意のままとなる人物」を送り込む必要があったも思えない。これらは義宣が動いたことで出来るものでもない。

廃嫡後、義宣は当初「嗣子の儀、大御所御目先を以て名字を相続願い奉る」（注02）と、養子の選定を大御所に委ねたと伝わる位である。吉隆が継嗣となるかは全く未定のことであった。また久保田藩領に接する最上氏領であった由利郡の帰趨は関心事ではあったが、最も懸念された匕首《あいくち》部の先端に当たる百三段（ももさだ、秋田市新屋）は、元和八年（一六二二）十月佐竹氏領の豊島・山本郡内の数村と交換して秋田藩領化されていて、危険は相当程度緩和されていた（『義宣家譜』）。このことを閑却してはならない。

当時、義宣は隣藩の大々名であった最上氏の家中騒動とそれに続く改易に驚愕《きょうがく》し、自藩と佐竹家の行く末を憂慮して、その対応に腐心していたと見るべきである。さらに家康の腹心として権勢を揮った幕閣の本多正純が最上氏山形城の収公に向かう途上に改易され、由利郡をもって義宣の預りになったことは改易を身近な危機として感じさせたに違いない。また、これよりさき元和五年（一六一九）六月安芸《あき》広島五十万石の有力外様大名であった福島正則が改易された件で義宣が国元の梅津憲忠に宛てた一連の書状がある。この津軽国替は実現しなかったが、同月十七日付で正則は津軽へ、津軽殿は越後へ、さらに越後（の諸大名）は国替になるだろうとの風聞を伝え（注03）、十八日付では津軽への国替いよいよ議定と伝え、十九日付では領内通過が見込まれた正則への対処指示、二十日付では同じく領内通過が見込まれた幕府派遣の御検使への対処指示などを矢継ぎ早に報知し（注04）、重大な関心を寄せたことを伝える。

これらから推して、当年代の義宣の全神経は佐竹家の取り潰しを回避する、この一点にあったと見るべきである。お家の存続こそが大事である。憲忠宛て書状中の、「下々之者こじきをする事ニ候」はこの事を指すとしてよい。念のため経過を再掲すると次のとおりである。

慶長十九年（一六一四）一月　山形藩主（五十七万石）最上義光没
元和五年（一六一九）六月　福島正則改易
　六年（一六二〇）　父貞隆没して昌隆（のち吉隆）、信州川中島一万石を継ぐ
　八年（一六二二）八月　最上義俊改易（これより先最上騒動）
　八年（一六二二）十月　本多正純改易
　九年（一六二三）十月　吉隆由利郡亀田に移転、併せて二万石
寛永三年（一六二六）三月　義直廃嫡、義隆就嫡

したがって、この廃嫡一件は何事にも厳格律儀であったと伝える兄義宣が、福島氏や最上氏の改易を目の当たりにして、後嗣とした末弟の日ごろの行状に不安を募らせていたところ、居眠り一件で爆発してしまった偶発事件と見るべきである。歴史の事象はすべてが必然の連続ではない、偶然偶発を発端とすることがあることを知らねばならない。要すれば、ことの本質は大小名の取り潰しが頻発していた不安定な江戸時代初期の幕藩体制下に

おいて、佐竹氏のお家存続という一大事の軋轢《あつれき》から生じた突発的な事件であった。したがって渡辺氏がいう亀田藩の取り込みというような小事であるはずもない。このことは明白である。地域の歴史研究者は独善であってはならず、地域の歴史に細心でなければならない。

注01 詳しくは、小論「実証史学において一文書一史実の意義を問う」『北方風土』57、二〇〇九年一月、同「再論 一文書一史実の意義を問う」『北方風土』58、二〇〇九年七月を参照。
注02 『佐竹家譜』寛永三年四月二十五日条。
注03 (元和五年)六月十七日付(付五関係研究、金子・他四〇頁)。
注04 『佐竹家譜』元和五年六月十八日〜二十日条。

研究三　ぼれたる考

寛永三年(一六二六)三月二十三日夜、義直を秋田へ下した翌々日の二十五日付、義宣が国元の憲忠へ授けた書状中に、前述のとおり、「彦次郎が儀、(略)しゆしやうかいなく生候故か、次第々々にぼれたるなりに而候、(略)正月より御前へ出候所ニ、弥々気も不付ぼれたるなり」と記されている(上田芳一郎「尊寿院阿證」、付三文書八a)。

平成二十年（二〇〇八）十二月、秋田市内で開催された秋田姓氏家系研究会で筆者は、「阿證上人の生涯—藩主佐竹義宣末弟の数奇な運命と仏門帰入—」と題して講演する機会があった。かねて右書状に注目していたので、当日の配布資料に原文未見のため右翻刻をそのまま引用し、「ぼれたるなりに而候」「気も不付ぼれたるなり」と記し、若干の説明をした上で、参会の方々に意見を求めた。すると、「ぼれたる」は「ほれたる」で、「惚ける」「呆ける」ではないか、要は「恍惚の人」ではないかなど貴重な見解を聞くことになった。

この数日後、参会された秋田市在住の野口養吉氏から講演当日付けのハガキが姓氏家系研究会経由で筆者に到着した。それによれば、「ぼれたる」は「ほれたる」である、『角川古語辞典』では①ぼんやりする、②年をとってぼけるなどの意味で「ほる（惚る」がある。また『日本国語大辞典』（小学館）では①茫然となる、ぼんやりする、放心する、②もうろくする、ぼけるなどの意味で「ほる、ほける、ほれる（惚、恍、耄）」があるとした上で、義宣は①の「ぼんやりする」の意味で使ったのではないかとお知らせ下さった。また、末行に「本日の講義わかり易く、深い内容を整然とまとめてくださっており、（ほれぼれ）しました」（原文ママ）と記されていた。有り難いことである。

こうした経過があった「ぼれたる」の一件であるが、『義宣家譜』では「ほれたるなりに而候」「気も不付ほれたるなり」とし、最新の研究である金子拓・他編『佐竹義宣書状集―梅津憲忠宛』では「ぼれたるなり二而候」「気も不付ほれたるなり」と何故か「ぼ」と「ほ」の使い分けがある（付三文書八ｂ）。野口氏も指摘のとおり「江戸時代は（記述上では）濁点を使っていない」とすれば、これは翻刻上の異同なのかと不審に思っていた。

平成二十八年七月、『天英公御書写（梅津本）』（東京大学史料編纂所所蔵）に収められた右書状原文写を漸く入手でき、翻刻と照合することが可能となった。ちなみに所論は前後するが、この書状は上人（当時義直）の運命の分岐となった事情をよく伝え、廃嫡一件の本質などと上段に構える俗論を一蹴するに足る史料である。こうして照合の結果、『佐竹義宣書状集』の右書状の翻刻は原文どおりであり、意外にも原文そのものが「ぼれたるなり二而候」の「不連たる」には濁点を付してあり、「気も不付ほれたるなり」の「不連たる」には濁点を付していない（▼印行）ことが判明した（後掲写参照）。右書状は写を繰り返しているので断言は出来ないが、義宣の書状原文もそうであった可能性が高い。

他方、当時藩主の義宣や重役の半右衛門憲忠らが使っていたに違いない常陸方言に注意を寄せると、赤城毅彦編『茨城方言民俗語辞典』一九九一年には、「ボゲル」が①木がくさる、②もうろくする、ぼけるとある。また佐藤武義・他編『近世方言辞書』第三（常陸方言、他）二〇〇〇年には、近似の語であるが、「ホウロケル」（物ノ落ルヲ云）がある。また中山健『語源探求秋田方言辞典』二〇〇一年では、「ほうける（惚、耄）」（ほほけるの転）、「ほほく」、「ほける（惚、呆）」をあげ、秋田方言のみならず時代別、全国地域別の用法が考察されている。

さらに金田一京助原編『新明解国語辞典』一九九六年では、「惚ける」（ほうける、「呆ける」とも書く）、「ほ・ける」（ほうけると同じ）、「ぼ・ける」（惚ける、耄けると同じ）とあって、現代においても「ほける」「ぼける」は厳密に区分使用されているようにも見えない。

以上、これらから推察するに、義宣が義直の性状を指して表現した「ぼれたるなり」「ほれたるなり」とは、義直の一件は加齢の故ではないので、野口氏のご指摘のとおり要すれば「ぼんやりする」という意味で使用したのではないかと思案する。野口氏のご教授に感謝したい。

書状原文写（部分）

研究四　家臣団に対する不信

さきに矢野重憲の跡式《あとしき》一件で藩主義宣が御北の家臣団に対して違和感があったらしい可能性を指摘し、また異母姉の高倉永慶室の遅れた祝儀を記したが（六話）、ここではさらに別の視点から考察してみようと思う。

御北下衆

元和七年（一六二一、十歳）御北家臣は長野村へ移れと命じられた。当時義宣の命令は絶対的であったはずだが、にもかかわらず家臣から出された久保田に居たいという我侭を容れ、義宣は城下に家臣屋敷の手配を認め（八月二十日条）、さらに翌年（一六二二、十一歳）、屋敷は「いつかた二も計り候へ」と放擲《ほうてき》し、（当時江府参勤中の義宣は）「秋田より参り候えず（絵図）返し置き候へ」と立腹の様子である（四月二十七日条）。これで見ると義宣と御北家臣団の関係はしっくりせず、義宣は冷たい態度である。

台所算用、検地

元和六年（一六二〇、九歳）八月、政景は義宣から御北の「台所の算用」（決算兼監査）

を命じられ、元和二年（一六一六）より同四年までの分に関して、算用衆に算用を指示（同三日条）、この後直ちに八月六日・七日・八日・十日と立て続けに算用有り（九日は算用衆が能見物をしたいと申し出で算用なし）、十九日銀・代物《しろもの》遣いに付き算用した上、同月二十四日「御算用差引き極まり申し候」と伝える。御北の台所とは知行所の長野村、今泉村、黒沢村から上がる高々三千六百石を指すとすれば、いかにも厳しい算用である。

しかも政景には算用に不審があったものか、実兄で国家老の「半右衛門ニ談合仕り」（八月二十五日条）、その上で、「我等合点なき」（十月十八日条）として、政景は北家の算用に同意を与えなかった。こうして「御袋へ」「細谷助兵へ」尋ねさせたところ、「はつれも有り、又以来ハ何分にも差図をうけへく候間、御前の儀能《よ》き様に頼む由、仰せられ候」として（十月十八日条）、収支が合わない処があるが、今後は指図どおりとするので、義宣への執成《とりなし》を依頼されるという事態となった。異様な展開である。

他方で、元和七年（一六二一、十歳）七月は御北が江戸で元服・改名し、いよいよ佐竹氏世子となるべき階段を踏んでいたが、その頃出府の政景に対して半右衛門憲忠が託した諸事中に「長野村検知の事」があった（七月二十九日条）。江戸に出た政景が義宣の決裁を仰ぐと「御心得之由」とされた。こうして検地の施行は承認され（八月二十日条）、「長野村なわ入れ置かる可き事」と憲忠に報じられた（八月二十五日条）。ただし、この検地は御北が佐竹宗家に戻ったことで当然行なわれるべきものであったという見方もできる。

元和八年（一六二二、十一歳）には義直はすでに将軍秀忠に謁見を済ませていたが、当時、義宣周辺は義宣が定めた予算を超過する「彦二郎殿の雑用」を懸念したのであろうか、政景は義宣に対して対応策を具申したと伝える（十月一日条）。細々とした金銭上の事柄であるが、看過できない義宣の苛立ちがあったに違いない。この一件から推せば、当時すでに義宣には彦二郎を取り巻く家臣団に対して不信感が生じていた可能性が少なくない。

研究五　吉隆の影

佐竹吉隆は義宣の二弟岩城貞隆の嫡子で、上人（義直）より三歳年上の慶長十四年（一六〇九）一月生れ、幼名は能化丸《のうけまる》。奥州岩城郡平十二万石の城主であった父貞隆が慶長七年（一六〇二）兄義宣の遷封によって封を失い、武州浅草に住したが、慶長十九年（一六一四）大坂役における戦功で、元和二年（一六一六）信濃川中島に領地一万石を得て御家再興を果たした。元和六年（一六二〇）十月貞隆没すると封を継ぎ、同年閏十二月将軍秀忠と家光に拝謁、四郎次郎昌隆と称し、ついで元和九年（一六二三）伯父義宣近くの由利郡亀田二万石へ移封、吉隆と改名、さらに義直廃嫡後の寛永三年（一六二六）四月義宣の嗣となり義隆と改名、義宣は前轍を踏まないことを肝に命じたのであろう、直ちに藩中第一の切れ者で腹心の梅津政景を傅に任じ養育に当らせた。寛永十年（一六三三）二十五歳で家督相続、寛文十一年（一六七一）十二月没、六十三歳。

このような苦衷の経歴が元々沈着冷徹で英傑の才があったと伝える吉隆の人物力量を磨き上げたに違いない。当時吉隆は義直とは格違いであったが、政景はよく吉隆に伺候し、『政景日記』では義直より先に吉隆の名を記したり、敬称の殿・様も微妙に使い分けた痕《あと》が見える。さすがの政景も義直廃嫡の事態は予想だにしなかったに違いないが、こうした吉隆の存在が義宣の心中に去来し、他方、これら政景の対応は政景ならではで気付いた義宣心中の投射であった可能性は否定できない。

・元和七年（一六二一、十歳）十月十七日条

（出府後の政景）岩城四郎二郎様、彦二郎様へ御見舞い申さず候間、今日参上、

（注）名の書き順が逆である。

・寛永元年（一六二四、十三歳）八月四日条

（江戸に着した政景）直ちに彦二郎殿、四郎二郎殿へ御目見え致し、

・右同　九月三日条

（江戸から越谷に至った政景）四郎二郎様、彦二郎殿へ御見舞致し、罷り通り候

（注）名の書き順と、様と殿の用法が逆転している。両人が越谷に居たのは義宣の鷹狩に扈従したヵ（義宣家譜、元和七年十二月四日条参照）。

・右同　十二月十一日条

御袋様、彦二郎様、四郎次郎様、御台様へ御歳暮指し上げ候、

さて吉隆の嗣子就任も単純ではない。当初大御所に委ねた嗣子の儀は、大御所より「古い家柄なので一族の者であれば、相違なく命ぜられる」のが御掟《おんおきて》とされたので、「重て一族内には嗣子とすべき者がいない」とした上で、「但し岩城修理大夫は御前へ出仕済みなので、かの者では如何か」と言上したところ、「義宣の目先次第で、思慮なく願い奉ってよい」とされた。そこで、直ちに「修理大夫を願い奉った」ところ、今日（寛永三年四月二十五日）相違なく（吉隆が）命ぜられた（『義宣家譜』同日条、抄出）。これによれば義宣は一時は佐竹氏外の嗣子を覚悟し、御家の存続を優先させたようであるが、文字どおり図らずも、大御所の寛言《かんげん》を得て、かねてその資質に非凡を見ていた吉隆をすかさず目見得済みを理由に願い奉ったという構図が浮かび上がってくる。しかしそこには前述渡辺氏が主張し固執する岩城氏亀田藩の取り込みというような小事は微塵もない。

なお、再言すれば、前述『政景日記』に見える義直と吉隆名の書きぶりであるが、当時

一万石以上が大名とされる中、吉隆は二万石を領する小さくとも歴々たる大名であったこと関係づけられる可能性があるが、大藩の嗣子と支藩の藩主との間には少なからぬ処遇上の実質的な格差があったと考えるべきであろう。

研究六　義直・義継名考

上人の名称は幼名が申若丸《さるわかまる》（猿若丸とも）、北義廉に養子入りした後の通称が御北《おきた》、元服後の通称が彦二（次、治）郎であることに異説はないが、義直とも義継とも伝える実名には混乱がある。検討してみよう。

信頼が置ける同時代史料の『政景日記』によれば、「当月（元和七年七月）七日二御元服、御名を八彦二郎殿と申候由、御名のりは義直様と申候由」とある（同月十八日条）。廃嫡以降は彦二（次）郎様・殿と記し、義継の名は一切見えない。次に発受および関係文書（付三）によれば、ひそかに京へ出た頃と推定される（寛永四年、一六二七）正月書状（文書一）に義継の署名と花押がある。

次に仏門に入ってから早い時期と推察される頃に「寂尓」（文書九）、高野山登山による正式出家を希望された頃と推定される（寛永五年、一六二八）正月書状に、すでに「芳揚

軒 阿證（花押）」（文書二）とあり、これに対する四家老連署状には「芳揚軒」（文書五）と記されてある。この他芳揚軒阿性（文書三）、芳揚軒ア性（文書四）と記された文書がある。

ちなみに藩の公式記録である『佐竹家譜』中の義重・義宣家譜では右の『政景日記』の記述が踏襲されたが、なぜか義隆家譜では、寛永三年四月二十五日条に「義宣の世子と為る」に続いて、「是より先、元和七年義宣、季弟猿若丸を立て世子とし、彦次郎義継と称す、今年、故有てこれを廃す」とある。また後代の編纂資料である伝記は次のとおりである（三章）。なお尊寿院元祖開基記（其一）と『密教大辞典』は俗界中の実名には触れない。

・名は義継、曰く彦次郎、已に嗣子たり。（伝記一）
・元和七年義宣継子ト成、改彦治郎義直 尊寿院過去帳義継トアリ。（伝記二）
・元和七年六月江戸へ往く。七月天英公の嗣子と為る。同月七日首服を加し、彦次郎と改名す。同日諱を義直と称す。のち諱を義継と称す。（箱中文書、伝記四）

これらを総合すれば義直名は元服から廃嫡後間もなくまで、義継名はそれから僧名寂尓が成立するまでの実名であると推察される。したがって義隆家譜と尊寿院伝記（伝記一）の記述は適切でない。伝記三および伝記四（箱中文書）の記述が妥当である。なお、これに関して『政景日記』七月十八日条に異筆にて記された付箋を根拠に、義継はほぼ同時代の人物である佐竹東家当主の源六郎義継（一五九九生〜一六二七没）と混同しないよう、後世便宜的に名付けられたとする異説を見るが、これは義継の署名と花押を伝える前掲文書の存在によって誤説と断定してよい。

ちなみに佐竹氏の累代文物を所蔵・展示する東京九段の千秋文庫では、歴代藩主および世子等の、およそ二百ほどの大小さまざまの印章がガラスケース内に展示されている。さすがに国持ち大名家に伝わる豪華な印章である。一見を勧めたい。その内に、「佐竹義直公 黒印」と伝える五ケの印章がある。この義直は別紙資料では二十一代（秋田初代）義宣弟と比定されている。比定の事由は明らかでないが、他方、宝暦八年（一七五八）五月十一歳で襲封した佐竹氏二十八代（秋田八代）義敦が、同年八月（一説に襲封時）諱《いみな》を義直と称し、同十三年（一七六三）正月義敦に改めている（『義敦家譜』）。したがって、この間の義敦の印章の可能性も考えられるが、珍重な印章であることに変わりはない。

研究七　御袋様考

先に、上人の母に対する称号として、御袋様（系図C）、側室（牌子記、箱中文書）、侍女（御系図草稿、佐竹家譜、系図ＡＢ）の用例を見た。侍妾または妾という用例はない。

また宗門作成の伝記一（尊寿院伝記）と伝記三（尊寿院元祖開基記其の二）は上人母の称号にふれない。ここでは「御袋様」の用法について考察してみたい。

『国典類抄』には秋田藩主に侍る女性として、側室、御妾、女房衆、御物師女房などの用例が見える。この内、女房衆は義宣が京から招いた年季奉公的な近侍の女性で、元和八年（一六二二）浅草屋敷に五人いた。御物師女房は御物師女中、御物師衆とも称され、まだ研究されていないが、義隆が京から招いた御物師（裁縫をする女奉公人）で、表向きは御物師であるが、これまた年季奉公的に近侍した女性であったようである。その他の異同は必ずしも明らかでないが、一般的には、側室は正室に対する反対概念、御妾は本妻に対する反対概念とされ、正室は「家中の一員」であるのに対して、側室は「使用人」であるとされた。

なお侍女であるが、辞書によれば、時代が下っては武士階級における貴人（主に大名以上の正室・姫君）に付き従う女性であるという。『国典類抄』ではまだ用例を見ていないが、この定義を少し拡大して、義重に付き従った女という意味になろう。

この上で御袋様に注目すれば、『国典類抄』の用例では、時代は少し降るが、元禄元年（一六八八）三代義処《よしずみ》のおきよどのが娘いわの成長によって、また元禄十五年（一七〇二）同じく義処のおりうどのが御曹司《おんぞうし》（のち義格）の母たるをもって、藩命をもって御袋様と称されたと伝える。これらから御袋様とは藩主の生母または藩主子弟の生母が、藩から（藩主の強い意向によって）許しを与えられて使用するもののようである。勝手に使用できる称号ではない。

この点に関して、精細な研究を伝える清水翔太郎「近世中期大名家における正室と側室―秋田藩佐竹家を事例に」（付五）は、三代義処期までは、本妻の死後妾から身上りし御袋様と称される女性が現われることはあったが、表向きには本妻の在世中に「側室」や妾は存在しないことになっていたという。前段は右称号の付与時には本妻の没後でその通りであるが、後段は疑義なしとせず、検討を要する。なお、おりうが御袋様と称された時は、おきよ（覚性院）の没後で、御袋様は並立しないという原則は順守されている。右のとおり、C系図が作成された元禄年中は御袋様の称号が特定の女性に付与されたのであるが、細谷久平が藩に提出した系図に書き込むからには、細谷氏に対しても許可を与えたものであろう考えてよい。久平が勝手に書き込んだとは思えない。破格の称号である。このとき阿證はすでに法印号を授かっていたことと無関係ではないだろう。

ちなみに同時代史料である『政景日記』では、義重正室の義宣母は「御袋様」であるが、この用例は元和六年（一六二〇）九月、同年閏十二月、元和七年（一六二一）九月、寛永二年（一六二五）十二月に見る。他方、義重側室の義直母は元和六年（一六二〇）十月御さる若様「御袋」、寛永二年（一六二五）七月彦次郎様「御袋」と記されてある。この年代では「様」はないが、「御袋」という敬称付である。なお『国典類抄』に収録された延宝五年（一六七七）十月山方泰朗寺社方御用日記では三十三廻忌の件で「尊寿院御袋様」と記されてある点、注目されよう。このような用法の内、身上りよって得られた「御袋様」は正室に準ずる地位をもって、「家中の一員」と見なされた如くである。なお、将軍家の大奥では出産した側室は「御生母様」「御腹様」と称され、絶大な権勢をふるったという。

研究八　太いぬ考

元和六年（一六二〇）正月「角館より御手柄ノ由候て、太いぬ一匹下され候」（『政景日記』）は前述したが、翻刻に付された注によれば、「角館」に対して（佐竹義直北家）、「太」に対して（大）とし、さらに頭注では「佐竹義直所獲ノ狼ヲ政景ニ贈ル」と記してある。

翻刻者の山口啓二氏がなぜ角館を北家の義直と比定されたのか不詳だが、当時角館城主は芦名盛重（のち義勝）で、北家は長野の紫島城にあったはずである。不審がのこるが、ここでは頭注で狼（おおかみ）と断定された点について小考する。

少し年代が下るが、『国典類抄』によれば、天和三年（一六八三）犬狩（所獲犬十五）、貞享二年（一六八五）犬かり（犬十九、狐壱ツ）、元禄三年（一六九〇）五月下筋へ狼打（なし）、同年六月「仙北白岩ニ而狼荒馬八匹喰殺候」と伝える。これによれば角館に近い仙北白岩に狼が出没し、大事な馬八匹を喰い殺す被害が出たことがあるが、犬狩と狼打が同義とまでは断言しかねる。また『国典類抄』に見える「射鳥鹿犬狼狩」の用法によれば、犬と狼は別のようでもある。では犬とは何か、やはり狼なのか判らない。

ちなみに予備的な調査によれば、本州・四国・九州に生存したニホンオオカミは今では絶滅種とされているが、江戸時代には所々にかなりの数生存し、他の地域のオオカミよりも小さく、中型ニホン犬ほどだったという。ニホンオオカミは野性化したヤマイヌと異なるという説と同種とする説があるが、前述するところ、「狼打」に対して「犬狩」「犬かり」の用例から推せば、この犬狩はヤマイヌの可能性が高い。なおエゾオオカミはタイリクオオカミの亜種とされ、ニホンオオカミとは違うという。いずれにしてもこれらは本格的な調査を要する。

研究九　佐竹家の与力

彦二郎を秋田へ下した直後の義宣が寛永三年（一六二六）三月二十五日付で国元の憲忠に宛てた書状に、「一乗院の弟子にし、髪を剃らせ」に続いて、「二十人扶持《ふち》を与え、その外は何も構ってはならない」という記述がある。それから約二年後の寛永五年（一六二八）八月、彦二郎は高野入山を希望し、義宣から認められたのであるが、その時、「御国を思《おぼし》召《めし》きり御出候事ニ候間、何ニも御合力ハ遣されまじき由」と伝えられた（『政景日記』同年月三日条）。この高野入山と出家がなぜ「御国を思召きり」とされたのか、今では不審であるが、ともかく以降は与力《よりき》はないと言い渡されたのであった。このことと彦二郎が高野入山を果たせなかったこととの関係は明らかでないが、その後彦二郎は京都の佐竹邸に居住した。秋田二代義隆の代では次のとおり尊寿院の再建に合力があった（本節は特記なければ『国典類抄』による）。

慶安三年（一六五〇）月日不知

芳揚軒様御願ニ付き御合力金弐百両進めらる、

明暦元年（一六五五）十一月十三日

芳揚軒様御室ニ而潅頂、尊寿院様になられ、御合力は成され候よし、

寛文八年（一六六八）月日不知
　一音坊（前掲法住庵）御願ニ付き尊寿院様へ初て現米拾石進められ候、

次に三代義処の代であるが、合力米が次第に加増され、また慶事を機会に祝儀が寄贈された。ここで「尊寿院様」とは阿證の後住をさす。なお、「伝記一（B本）」によれば、寛文十二年（一六七二）義処殿より毎年十石京着を以て寄附、殊に御母光聚院殿懇切なる御志の段浅からざる事也と伝える。佐竹南家の出で、義隆の妻であった光聚院は廃嫡一件を承知していて、その御志はわが子義処の平安に向けた上人の鎮魂であった可能性を見てよい。なお光聚院は甲若丸が養子入りした北家義廉室の姪に当たる。

延宝四年（一六七六）月日不知
　尊寿院様へ三十石進められ候、
延宝六年（一六七八）月日不知
　尊寿院様江戸へ御下、御合力米二十石御加増進められ候、
元禄元年（一六八八）十一月十一日
　先師阿證三十三回忌に付き御合力今年より元米十石宛増置かれ候由、
元禄十五年（一七〇二）五月五日
　尊寿院様一ノ長者に為らせられ、御祝儀御樽代百匹持参申し候、

元禄十五年（一七〇二）八月七日

尊寿院様へ三年二三百両下さる可き由、

以降四代義格《よしただ》と五代義峯では尊寿院の昇叙、入院に祝儀を贈る程度となった。藩財政の窮迫のほか年代の経過で尊寿院との関係が希薄化したことが原因であろう。

宝永七年（一七一〇、四代義格代）九月十五日

尊寿院先頃入院に付き千大根・昆布一箱宛、樽代千匹、

正徳元年（一七一一、四代義格代）三月十六日

尊寿院先頃法印勅許に付き昆布一折、樽代千匹、

享保元年（一七一六、五代義峯代）二月十九日

尊寿院先頃権僧正転任に付き五百匹、

元文二年（一七三七、五代義峯代）二月十六日

尊寿院今度一ノ長者勅許に付き屋形様、若殿より昆布、樽代、

こうして尊寿院は次第に困窮したらしく、宝暦三年（一七五三）三月六代義真《よしまさ》の代に、尊寿院から「困窮に付き附弟が無いため（秋田）一乗院兼帯」の願書が差し出された（同

年同月十日条）。これに驚いたものか、同年九月襲封した七代義明《よしはる》から翌四年（一七五四）正月、「是れ迄は六十石であったが、四十石増して都合百石とする」との寄進状が発給された（同二十八日条）。その後の主な与力は宝暦五年（一七五五）四月の百回忌に尊寿院へ銀十枚、墓所のある法金剛院へ銀一枚である。この法事を以て芳揚軒の称号は御室宮の遺命によって上人号が授与された。

以上のとおり、佐竹家の与力は年代によって変動があるが、芳揚軒によって結ばれた尊寿院に対する助力は継続した。この与力が純粋な布施・志納のほか芳揚軒の鎮魂であった可能性を見るが、それを超えた仁和寺を介した朝廷との関係や京都の情報収集などの要因は今のところ見ることができない。

研究十　尊寿院、その後

法流系譜

明暦二年（一六五六）閏四月八日、遷化された上人（阿證）の遺命により、尊寿院の坊舎と聖教仏具等の一切が法住庵上人に譲られた。法住庵とは寛永年間（一六二四～一六四四）の仁和寺再興事業で活躍した顕證（一音坊、一五九七～一六七八）を指し、仁和寺山内に於いて初め心蓮院、後に尊寿院に移り、晩年は法住庵に隠棲した。

阿證後第二代の隆証（隆昌とも称すヵ）は姓が藤氏、大炊御門《おおいのみかど》前左府藤原経孝次男、慶安二年（一六四九）生、万治三年（一六五八）得度、延宝二年（一六七四）尊寿院入院（但一音坊より譲与）、同七年（一六七九）真乗院前大僧正より当流之法流悉相伝、元禄九年（一六九六）禁裏南殿御七日御修法《ごしちにちみしほ》勤行・主上（天皇）護持僧、元禄十一年（一六九八）大僧正、同十五年（一七〇二）東寺一長者を伝える高僧である（注）。ここで注目すべきは顕證を第二代としない点である。阿證から尊寿院の坊舎と聖教仏具等を譲られた顕證は十八年後に隆証に譲与した。これは伝法の忍辱山流を伝える必要の故であったろうが、それにしても歳月を要したものである。

他方、元禄十一～十六年（一六九八～一七〇三）と推定される年代に、尊寿院法務大僧正が発した書状によれば、後住弟子は公家の久我《こが》氏であるが、尊寿院は佐竹氏「建立の寺」であるので事前に佐竹氏に伺うと伝える（前掲「尊寿院大僧正書状」五三―五七）。この弟子が隆証遷化の宝永七年（一七一〇）尊寿院に入院、のち元文二年（一七三七）一長者、寛延二年（一七四九）前大僧正隆幸と記される隆幸であろうか。なお右書状中の「隆信」は隆証と同一人か不定である。その後の尊寿院の系譜は今のところ明らかにし得ない。

（注）「山下文書」『国典類抄』、秋田県公文書館所蔵「尊寿院大僧正書状」五三―五七～六三。

本尊、堂宇

京都府立総合資料センター所蔵の「京都府行政文書簿冊」中の「寺院明細帳五」（仁和寺は明治十六年九月付）によれば、江戸時代の尊寿院は院家町東地区の南端に所在する。本尊は大日如来。再興の経過は阿證上人が仁和寺覚深親王に一舎の地所を乞い、親王は其の懇志に感ぜられ、尊寿院旧号並びに寺地を賜り、元禄十三年（一七〇〇）秋田城主より建立されたと記す。また尊寿院の院主は代々大僧上公家護持僧を任じ、また東寺長者法務職（注、最高管理者）に任じられること寺例であったと記すが、前述事例で見るとおり妥当する。院家にしては破格の格式である。ところで阿證の院跡建立は前述のとおり慶安四年（一六五一）なので、ここで云う元禄十三年説は誤りか、それとも以後に火災再建されたものか未詳である。

この「文書簿冊」によって明治以降の尊寿院の動向が初めて明らかになった。重要箇所は付四に翻刻する。とくに「社寺明細帳付録四」（「文書簿冊」中に、明治十八年三月十三日付け「準別格本山に加列」と記された文書を発見できたのは望外の慶事であった。尊寿院は明治十八年真言宗御室派の準別格本山の一とされたのであるから、その頃までは寺格相応の堂宇を有したに違いない。しかし近来の破損で、間もなくそれら堂宇が取壊され、本尊は仁和寺へ移された。そのご明治二十六年（一八九三）小本堂が再建されたと伝えるが、それが現在の御堂かは未詳である。

研究十一　細谷助兵衛考

助兵衛の家禄

細谷助兵衛の家禄は如何なるものであったか、委しく見てみよう。

○『秋田藩分限帳』

慶長七年（一六〇二）関東ヨリ御供《おともの》家士《かし》

細谷助兵衛　百石　（ママ）細井介兵衛

慶長九、十年（一六〇四、五）知行人扶持《ふち》人《にん》覚《おぼえ》

細井《ママ》介兵衛　百石

寛永四年（一六二七）窪田配分帳面

細谷助兵衛　百石

○『慶長国替記』（常陸太田市編『佐竹家臣系譜』）

細谷助兵衛　百石

○系図（D図）

伝云う、通時（通称助兵衛、五兵衛）、常陸奉仕の時食邑は八百石を賜ると云う、

慶長七年水戸より秋田へ供奉

こうして常陸時代に佐竹氏の家臣であった細谷氏が国替によって秋田に遷ったことは間違いない。しかし細谷氏系図はいずれも水戸から秋田へ移転した助兵衛以前に及んでいないので、この助兵衛の代に常陸で佐竹家に召し抱えられた可能性が高い。それも次掲する『政景日記』の記録から推すと、金銀鉱山の経営や運輸運送に長じた故ではなかつたかと推測される。

なお『秋田藩分限帳』中の細谷助兵衛と細井介兵衛との異同が不明であるが、『政景日記』は助兵衛を指して「介兵へ」「助兵へ」とも記しているので同一人と目される。家禄は常陸時代は八百石であったと伝えるが、秋田では百石である。この禄高は微禄ではないが、さりとて名門名家が禄される水準でもない。ところが助兵衛は余ほどの才能と資質、時代にも恵まれたのであろう、次に叙述のとおり、とても百石取りの家禄からは考えられない活躍ぶりである。

助兵衛の活躍

『政景日記』によっ助兵衛の活躍を見てみよう（抄出）。

（1）小野金山奉行、荒川銀山奉行、他

金銀山奉行として各所への出張、経営、各所での算用（清算兼監査）など助兵衛一人ではないが（「等」とあり）多忙である。元和五年十二月二十九日の一件は分かりにくいが、院内銀山山師の甚三郎女房出入り（もめごと）に対する政景裁定に助兵衛が合点《がてん》しなかった事をさす。並みの人物でなかった片鱗を伝えるものであろうか。

元和四年（一六一八）閏三月十八日／（政景）助兵エ等と阿仁金山に赴く。
同閏三月二十六日／助兵へ等阿仁金山山師等の陳謝を（政景に）報ず。
同四月五日／先般の陳情につき助兵へ等と談合するよう返答。
同六月十八日／慶長十年同十一年仙北小野金山（雄勝郡）奉行助兵へ算用済す。
元和五年（一六一九）正月二十八日／元和四年荒川銀山運上（藩が山師に課した税金）
等の一部を助兵衛等へ渡す。
同二月二十二日／荒川銀山の悪しき山況を助兵衛等知らす。
同十二月二十二日／荒川銀山の儀左衛門の進退を助兵衛等へ返事す。
同十二月二十九日／（政景）助兵へ女を引返させる／（政景）女を引返させたのは

不可とす／助兵衛合点せず。

元和六年（一六二〇）一月六日／荒川銀山鉛座七衛門（注、脇鉛の発覚を恐れ自殺）の不足分を（注、前奉行の）助兵衛等に弁償さす。

同一月二十五日／元和四年五年荒川銀山鉛払（注、鉛は銀製錬に必要）の算用を助兵衛等致す。

同二月三日／元和五年運上米払を助兵衛等算用済み。

同閏十二月七日／荒川銀山水抜へ借米助兵衛等致す。

元和七年（一六二一）二月二十二日／知行取込分帳の作成の検使に助兵へ等申付けらる。

（2）御使として往来、運送

藩御使として京都と秋田を往来、元和八年九月には上使（本田正純等）に対する義宣の御使として山形へ向かったが、本田氏の改易に遭い政景の命によって由利及び秋田に派遣される大役にあたった。


慶長十七年（一六一二）五月一日／介兵へ等御使として下る旨院内より書状有り。

元和四年（一六一八）一月十七日／元和三年敦賀より京都日野まで上下駄賃の算用。

同一月十九日／元和三年助兵衛等の日野より北国経由秋田までの駄賃算用了る。

元和八年（一六二二）九月六日／助兵衛義宣より上使（本田正純等）への音信物を山形へ持参す。

同十月一日／（正純転封）政景、助兵衛を由利及び秋田に派す。

同十月二日／由利への書状を助兵衛に託す。

（3）上人、政景等との関係

彦二郎様より反物一つ下されたということは、彦二郎より反物を託された助兵へが政景へ持参したことをさす。元和七年出府道中の算用は彦二郎に同行したことを推測させるが、これらは彦二郎と助兵への特別の関係を示唆する。このほか介兵への風呂、めしの振舞いに政景は応ずるなど懇意である。

元和二年（一六一六）五月二十三日／朝（政景に対して）介兵へ所にて風呂、めしの振舞い有り。

元和七年（一六二一）七月二十二日／助兵へ江戸より帰国し今朝（政景へ）参る、彦二郎様より反物一つ下され候、江戸御無事の由（再掲）。

元和八年（一六二二）八月十六日／元和七年彦二郎殿出府道中の算用を助兵へ行なう。

研究十二　神宮寺細谷氏考

当地（大仙市神宮寺）には細谷姓が少なくないが、江戸時代に代々孫兵衛（ときに孫太郎）を襲名した家門が当地細谷氏の宗家である。こうした神宮寺細谷氏の最後の当主である故純一氏によれば次のとおり（後述五項、著書および筆者聞書）。上人母を出しておかしくない家柄である。

一、文和三年（一三五四）頃当地に落来った冨樫氏主従十七騎に細谷（当時は細矢）氏が随行した。その途次三男は山形の鶴岡、二男は本荘に留まり（今も彼の地に細矢氏あり）、長男が当地に来住した。本姓は北条氏。墓名は細矢。

落来ったのは加賀騎士十一人、六波羅の落人三人、永平寺の法子（注、僧か）白山（注、白山権現の僧か神人か）、それに従僕六人と伝える。

二、転封後久保田藩では検地が行なわれた。これを実施した澁江内膳政光はいっとき当地に滞在し、その居住先は孫兵衛宅であった。のち内膳は大坂夏の陣で討ち死したが、細谷家には形見の銘刀義弘と金の観音像があった。

これを検証するに澁江氏は藩蔵入地である神宮寺村の代官をつとめ、玉川の水を引入れる澁江堰《しぶえぜき》によって新田開発しており（但し庶子光久の代）、確かに当地との関係が認められる（『神岡町史』）。右政光の件は三回の検地のうち初回の慶長八年（一六〇三）の検地ではなかったか。

三、細谷氏（孫兵衛）は延宝四年（一六七六）「打直検地帳」には見えないが、寛延三年（一七五〇）および宝暦十一年（一七六一）「村方控」に長百姓《おとな》の一人として　初出し、以降蓄財に成功したものか、文化六年（一八〇九）備蔵米献上によって一代限り苗字御免、天保年（一八三〇年代）頃藩仰付の御用銀高は村第一、明治十四年（一八八一）明治天皇の巡行では屋敷（現神岡小学校一帯、五千坪）内の、伝小堀遠州作の庭園（戦後間もなくまで一部残存）に行在所を奉設し天皇を迎えた。当行在所は白山神社（神宮寺本郷）社殿として現存する。また細谷家の大きな母屋は明治二十九年（一八九六）の六郷大地震（マグニチュード七・二）で六郷の諸寺院が倒壊した際、真宗大谷派廣照寺（美郷町六郷字米町）の仮本堂に移築され、今次大戦後の本堂新築に至るまで存続した。

四、菅江真澄が『月の出羽路』神宮寺郷に収録した、伝法然上人熊谷直実宛て書状（当時富樫伝一郎所蔵）が戦後まで細谷家に伝来した。また純一氏は本姓北条氏を示唆する、「晩翠堂時彬章」（北条時彬印か）と「亮員」（動員令の印か）の二つの立派な印を所蔵されていた（印影は「北方風土」65、二〇一三年一月で筆者紹介済み）。

五、純一氏は明治四十四年生、驚くばかりの活躍をなされ、平成二十三年に百一歳の長寿をもって逝去された。神宮寺淳の名で、『秋田藩と戊辰の役』（七二歳）、『錺屋《かざりや》源太の昔噺し―大正時代から昭和初期の女性』（九二歳）、『続錺屋源太の昔噺し―デモクラシーへの道』（九四歳）を出版され、また八十歳代から在住の札幌市、ふる里の旧神岡町、東京新宿で趣味の水彩画展を開催された。拙父と小学校同期であった（小稿「百寿翁をおくるの辞」『北方風土』65、二〇一三年一月）。

ちなみに百歳を越えてなお現役のジャーナリストとして反戦平和の大事さを全国に向け発信され、平成二十八年八月百一歳をもって亡くなられた著名な、むのたけじ氏と苦楽を共にされた令室（故人）は純一氏の実妹である。

研究十三　『梅津政景日記』と上人

梅津政景（一五八一～一六三三）は、佐竹義宣に仕えた秋田藩士で、通称は主馬。初め院内銀山奉行となり、続いて総山奉行、勘定奉行、家老、久保田城下町奉行兼帯と藩政の中枢を歴任した。同じく家老であった梅津憲忠は実兄である。日記は政景が院内銀山奉行に就任した慶長十七年（一六一二）二月二十八日から寛永十年（一六三三）三月六日死没の四日前まで書き続けた、約二十一年間の記録であるが、一部を欠くという。原本を閲覧したことがあるが、独特な書体で容易に読解できる体《てい》のものではない。東京大学史料編纂所の山口啓二氏らによって翻刻され、『大日本古記録』に収められた『梅津政景日記』全九巻が利用に便宜である。

日記上の上人は元和五年（一六一九）、八歳のとき久保田城へ年賀儀礼の出仕に始まり、寛永五年（一六二八）八月、十七歳のとき義宣から下った高野山への入山の許可をもって終わる。上人の誕生は日記開始年の十月のことだが何の記述もない。また入山許可をもって上人は政景の視界から消えたようで、以降何の記録もない。日記によれば、前半生は佐竹家世子として栄光に満ちた儀式儀礼の日々が続き、その合間に日常的で平安な日々がみられるが、仔細に読むと、何らかか不吉の予兆があったことにも気付かされる。上人の動静を伝える同時代史料中の白眉である。本書は多くこの日記による。

なお渡部景一『梅津政景日記読本』平成四年（初版）、『続梅津政景日記読本』平成六年（初版）が参考になる。

結　言

本書では阿證上人の生涯を仔細《しさい》にたどり、その遺された和歌百首一巻を読み込むことなどから、数奇な運命を仏道に生きた上人の人間像を追究してきた。その上で、上人の生涯はこれまで先学が一様に指摘してきたような、「恨み多い人生であった」とする否定的なものではなく、仏門に在ってもなお所縁の人々との関係を慕い、四季の移ろいに鋭敏な心を持ち続け、長寿を果たせなかったが、「苦悩なく安然と化《け》された」とする新たな人間像を描き出すことができたと思う。

生母が神宮寺細谷氏という伝承はかなりの傍証をもとに論述した。これらから上人生母は神宮寺細谷氏の可能性が高いとしてよい。これに反論できる材料はこれまでのように細谷氏系図しかない。しかしながらこの細谷氏系図は神宮寺細谷氏の可能性を示唆するものでもある。他方細谷氏生母の伝承が明証をもって実証されたわけでもない。この点は謙虚でなければならない。しかしいずれにしても細谷氏生母の追究が「非科学の百史実」でないことだけは確かである。

他方、故あって廃嫡された一件は、上人の生来の資質や性向が後代に誇張された疑いがあるが、これらを無視することは出来ない。また本書において初めて系統立てて追究した家臣団に対する不信や義隆の影も考慮に入れる必要がある。しかしながら基本的には累代領知した常陸国から出羽国秋田へ左遷転封を余儀なくされ、いまだ対幕府関係や秋田の統治が不安定であった十七世紀前半の藩政初期において、秋田初代義宣を懊悩《おうのう》させた自子なきゆえの軋轢《あつれき》との関連で見るべきことは所々で指摘したところである。幕藩制の初期において、ことに関ケ原の戦いで事実上西軍に与《くみ》した佐竹氏のような外様大名の後継者問題は文字どおり当該大名と家臣団の生き残りを賭けたものであったという時代情況を考えておく必要がある。

したがって上人の廃嫡一件を後代にして得られる既知の知識をもって「事の本質は」などと大上段に振りかぶり、すべてを由利郡北部の岩城藩差配の問題に流し込むことはできない。歴史の進捗は必ずしも予定調和であるはずもない。上人の居眠り一件は義宣が夢だにしなかった事件と見るべきである。その後の廃嫡、継嗣義隆の擁立に至る過程にしても義宣に確固たる見通しがあって行なわれたわけではない。歴史は必ずしも必然の連続ではない。ときに偶然が割り込むことがある。その偶然と必然の織り成しこそが歴史学の主題であり、歴史学の興趣であると筆者は考える。

本書で見るとおり、上人は数奇な運命を仏道によって乗り超えられ、佐竹氏の与力をよく生かして仁和寺尊寿院を再興され、真言宗の高僧位に達せられた。再論すれば、自詠の和歌からは四季の移ろいに対する繊細な感覚、仏門にあってなお人を恋しく思う心情、ままならない吾が心に対する澄明な心境が感じられ、この辺に上人の本心があったのかと推察させられる。上人の生涯は高僧伝の枠を超える数奇な運命者の物語を伝えて余りある。

こうして江戸時代初めのころ数奇な運命に導かれて仏門に帰入し、高僧位に達せられた上人の菩提を、生誕四百年には数年遅れたが、同じく仏門に身を置く筆者が生母出生のご縁をもって、いく星霜の時代を経て、歴史学など「人文科学的」な視点から生涯をたどることによって回向できたとすれば喜びはこの上ない。

以上、本書では上人の生涯を網羅的に取り上げ、遺された和歌の鑑賞もかなり進めることが出来たと思う。今後は上人の和歌と新古今集などとの関係、とくに仏門にある者の和歌世界との関係が明らかにされるならば、その先に上人の自然や季節、所縁の人々に対する心のゆらぎがさらに見えてくることが期待されようが、これらは国文学上の専門の見識を要することは言うまでもない。

さて、このような内容や体裁で本書を上梓《じょうし》するまでには多数の諸氏から沢山のご教導ご支援をたまわった。ことに論文発表の機会を与えられた「叢園」「北方風土」、発表の機会を与えられた「秋大史学会近世部会」、講話の機会を与えられた「神岡おもしろ講座」「花館の会」「六郷歴史講演会」「秋田姓氏家系研究会」「首都圏秋田歴史と文化の会」の関係者、ならびに会場内外でご質問ご教示下さった諸兄姉、ご懇切なるご教授を賜った常光院和尚（角館）、「ほれたる」についてご教授下さった野口養吉氏（秋田市）、ふるさとの歴史研究の先学伊藤忠温氏（北楢岡）、何かと頼りにした畏友亀井日出男氏（六郷）、その他の多数の方々に御礼を申し上げたい。さらに長いご縁から本書の出版をわずわしたイズミヤ出版の泉谷好子社長に感謝を申し上げたい。

付一　年譜

（申（猿）若丸、御北、彦二（次）郎、義直、義継、芳揚軒阿證、寂爾、尊寿院）

和暦年月日	西暦年	世寿	事項	出典
慶長七・九・一七	一六〇二		義宣、湊城に入る	義宣家譜
（不明）			ころし申せ（義重）	国典類抄／浮木覚書
慶長一七・四・一九	一六一二		（義重）逝す、寿六六歳	義重家譜
慶長一七・四・一九	一六一二		御北様（義重）没	黒澤浮木覚書
慶長一七	一六一二	一	生る、童名申若丸	国典類抄／伝記三
慶長一七・一〇	一六一二	一	生る、日不詳、幼名申若丸	箱中文書
慶長一七・一〇	一六一二	一	知足院（義重）没後生る	国典類抄／浮木覚書
（不明）			よく育て申せ（義宣）	国典類抄／浮木覚書
（不明）			初め北又七郎義廉の養子と成ル	国典類抄／伝記三
同一九・一〇・二六	一六一四	三	義廉、大坂役出陣中遠州掛川で病死	新編佐竹七家系図

元和四・一二・一一	一六一八	七	義廉室再嫁	新編佐竹七家系図
元和五・一・二	一六一九	八	御北出仕（初見）	政景日記
元和六・一〇・一八	一六二〇	九	御さる若様御算用合点なく、御袋へ細谷助兵衛へ（略）尋候	政景日記
元和七	一六二一	一〇	義宣継子ト成る	国典類抄／伝記三
元和七・六・一五	一六二一	一〇	将軍秀忠上洛の風聞により義宣、猿若を出府せしむ急報、秋田に着す	政景日記
元和七・六・一七	一六二一	一〇	御猿若様、今日御立	政景日記
元和七・七	一六二一	一〇	天英公（義宣）の嗣子となる	箱中文書
元和七・七・七	一六二一	一〇	元服、御名彦二郎、名乗は義直	政景日記
元和七・七・七	一六二一	一〇	首服（元服）、彦次郎と改名、同日諱を義直、後義継と称す（尊寿院過去帳に義継トアリ）	箱中文書／国典類抄／伝記三
元和七・九・二五	一六二一	一〇	江戸屋敷（浅草鳥越、下屋敷）家来二九人、総勢六一人付く	政景日記
元和七・一一・一四	一六二一	一一	彦二郎殿、江戸城へ出仕	政景日記

元和七・一一・一四	一六二一	一一	義直、初て将軍（秀忠）家拝謁	義宣家譜
元和七・一二・四	一六二一	一一	彦二郎殿、昨日栗橋を出、そうかより着（義宣放鷹に随従ヵ）	政景日記
元和八・一・二〇	一六二二	一二	義直、西丸（家光）登城	義宣家譜
元和八・一・二二	一六二二	一二	大納言（家光）へ彦二郎殿出仕	政景日記
元和八・一〇・一	一六二二	一二	政景、義宣ニ義直雑用ヲ具申ス	政景日記
元和一〇・一・三	一六二四	一三	彦二郎殿、西丸（家光）へ出仕	政景日記
元和一〇・二・一三	一六二四	一三	矢野憲重跡式、義宣義直評定異にす	政景日記
寛永一・三・二七	一六二四	一三	彦二郎殿御虫出候間、御灸遊ばす	政景日記
寛永一・七・五	一六二四	一三	守役岡本蔵人、窪田御立	政景日記
寛永一・八・七	一六二四	一三	彦二郎様へ振舞にて（政景）参候	政景日記
寛永一・九・三	一六二四	一三	越谷で（政景）四郎二郎様・彦二郎殿へ謁す。	政景日記
寛永二・二・	一六二五	一四	岡本蔵人、守役自傷辞任	岡本系譜
寛永二・五・二	一六二五	一四	彦次郎様より御馬御用の御状有	政景日記
寛永二・七・九	一六二五	一四	彦次郎様御袋ニて振舞有り	政景日記

寛永三・三・一一	一六二六	一五	彦二郎様へ振舞にて（政景）罷上る	政景日記
寛永三・三・一八	一六二六	一五	彦二郎殿、南光僧正（天海）へ御出	政景日記
寛永三・三・二一	一六二六	一五	御登城御能御見物、番数九番有	政景日記
寛永三・	一六二六	一五	故ありて勘気を蒙る	国典類抄／伝記三
寛永三・三・二一	一六二六	一五	故ありて廃せらる	箱中文書
寛永三・三・二二	一六二六	一五	嶋田弾正殿へ屋形様御出	政景日記
寛永三・三・二三	一六二六	一五	彦二郎殿、今夜の内御たち	政景日記
寛永三・三・二五	一六二六	一五	義宣、家老梅津憲忠に急書す	義宣書状
寛永三・四・一〇	一六二六	一五	秋田御着、十一日一乗院に入る	政景日記
寛永三・四・二五	一六二六	一五	義隆継嗣となる、一八歳	義隆家譜
寛永四・	一六二七	一六	京に出て四条柳馬場邸に入る	鱗勝院誌、典拠不明
寛永五・七・一四	一六二八	一七	彦次郎殿御詫言、政景憲忠と談合す	政景日記、国典類抄
寛永五・八・一	一六二八	一七	高野へ御登り有度き由（略）御心得の由、御意ニ候	政景日記、国典類抄 義宣家譜
寛永五・八・三	一六二八	一七	高野へ御望の儀、御暇遣され候、御国を思召きり御出候事	政景日記、国典類抄

寛永一〇・一・二五	一六三三	二二	義宣、東都神田邸に没す、六四歳	義宣家譜
寛永一〇・三	一六三三	二二	義隆家督を継ぐ、二五歳	義隆家譜
寛永一一・	一六三四	二三	覚深、家光の仁和寺再興寄進受く	仁和寺研究
同一一・一二・二七	一六三四	二三	彦二郎殿、江戸へ御下	国典類抄／片岡日記
寛永一五・二・一五	一六三八	二七	槙尾行空に随い落髪染衣す	尊寿院伝記
寛永一五・二・一五	一六三八	二七	出家ス、芳揚軒阿證と号し又寂尓とも言う	国典類抄／伝記三
（出家から尊寿院賜うまで八年の間）			出家以後暫らく秋田へ御下、其の後山城音滝に暫らく御座か	国典類抄／伝記三
正保一・一二・三	一六四四	三三	阿證和尚母死、鱗勝院葬を遺言	国典類抄／伝記三
正保三・二・	一六四六	三五	覚深、尊寿院号並寺内を賜う	国典類抄／伝記三
正保三・二・	一六四六	三五	尊寿院再興	仁和寺研究
慶安三・一・一八	一六五〇	三九	和歌百首日付	和歌百首巻物
慶安三・	一六五〇	三九	御合力金二百両進めらる御礼	国典類抄／山下古書
慶安四・	一六五一	四〇	院跡建立、尊寿院へ入寺	国典類抄／伝記三
承応一・九・一	一六五二	四一	潅頂密壇に入り、五智法水を沐す	尊寿院伝記

承応一・九・一一	一六五二	四一	伝法潅頂、密乗院雄応付法、忍辱山流、尊寿院中興祖師となる	国典類抄／伝記三
明暦一・一一・一三	一六五五	四四	芳揚軒様御室にて潅頂、尊寿院様にならせられ候由	国典類抄／後藤日記
明暦一・一一・一三・	一六五五	四四	御入目、御合力にて其の御礼	国典類抄／後藤日記
明暦二・夏	一六五六	四五	微患を示す、伝統の事を大王に上り又法住庵上人に遺命す	尊寿院伝記、伝記二
(壬四・六)	一六五六	四五	山野外記宛て遺言	国典類抄／文書五
明暦二・閏四・八	一六五六	四五	阿證和尚遷化、のちヵ法金剛院に葬	国典類抄／伝記三
明暦・閏四・八申刻	一六五六	四五	苦悩無く安然と化す	尊寿院伝記、伝記三
寛文八・	一六六八		(一三回忌) 初て十石寄進	国典類抄／山下古書
寛文一一・一二・五	一六七一		義隆、秋田城に没す、享年六三	義隆家譜
延宝三・四・八	一六七五		性承、贈法印を賜る	国典類抄／伝記三
延宝四	一六七六		三十石進められ候	国典類抄／山方古書
延宝五・一〇・二九	一六七七		尊寿院御袋様三十三廻忌ニ候間	国典類抄／山方日記
延宝六	一六七八		御合力米二十石加増	国典類抄／山下古書

元禄一・一一・一一	一六八八		（三三回忌）今年より元米十石加増	国典類抄／御日記
元禄一五・八・七	一七〇二		三年ニ三百両下さる可き由	国典類抄／後藤日記
宝暦三・三・一〇	一七五三		尊寿院困窮、秋田一乗院兼帯願	国典類抄／山方日記
宝暦三・四・一六	一七五三		四十石加増、都合百石	国典類抄／山方日記
宝暦四・一・二八	一七五四		義明より尊寿院宛百石寄進状	国典類抄／御日記
宝暦五・三・二	一七五五		尊寿院へ銀十枚、墓所法金剛院へ銀一枚遣す	国典類抄／小田野日記
宝暦五・四・八	一七五五		尊寿院で芳揚軒百回忌法事執行	国典類抄／御日記
宝暦五・四・八	一七五五		（百回忌）上人号を追贈さる	国典類抄／御日記

付二　系　図（佐竹氏、細谷氏）

○佐竹氏系図（原武男編著『新編佐竹氏系図』抜粋）

義重　天文十六年（一五四七）二月生。永禄五年（一五六二）十六歳にて襲封。天正十四年（一五八六）太田城に退く。慶長七年（一六〇二）九月羽州仙北郡六郷高野の旧城に遷居す。慶長十七年（一六一二）四月没。法名通庵闐信大居士。追謚知足院殿。

（妻）伊達晴宗女、寛永八年（一六三一）十一月没。法謚宝樹院殿（宝樹は宝寿又は芳寿とも）。

義重──┬─義宣（秋田初代）
　　　　│　元亀元年（一五七〇）七月生。母晴宗女。天正十四年（一五八六）十七歳にて襲封。慶長七年（一六〇二）九月羽州六郡に遷封、秋田郡土崎城に居す。同九年（一六〇四）八月久保田城に移居。寛永十年（一六三三）正月没、六十四歳。法名傑堂天英大居士。追謚浄光院殿。
　　　　├─義勝
　　　　│　天正三年（一五七五）生。母晴宗女。
　　　　└─女

天正九年（一五八一）生。母晴宗女。大納言高倉永慶に再嫁す。

貞隆

天正十一年（一五八三）生。母晴宗女。

宣家（宣隆）

天正十二年（一五八四）生。母晴宗女。

義継

慶長十七年（一六一二）十月（日不詳）生。母細谷氏女。幼名申若丸、彦次郎。

義宣

男子

慶長四年（一五九九）（月日不詳）生。母多賀谷重経女（継室）。慶長五年（一六〇〇）二歳にて没（五歳で没とも）。

義隆（秋田二代）

慶長十四年（一六〇九）生。実は岩城貞隆（義宣弟）嫡男。

○細谷氏系図 A、B（秋田藩家蔵文書「諸士系図」、両図は同文異筆）

○某　助兵衛

女子　闐信公侍女　芳揚軒阿證母堂

某　新十郎　盲人　――　某　亀之助　早世

○高久　五兵衛
実ハ安島作左衛門高貞子ナリ

女子（略）

女子（略）

○某　十蔵

某　萬蔵　早世

○久次　五兵衛　実ハ十蔵弟ナリ

○久良　久平　御焼香ニ罷出候

細谷久平　印

○細谷氏系図 C（秋田藩家蔵文書「元禄家伝文書」）

○某　助兵衛　実名不知

某　新十郎　盲人 ―― 某　亀之助　早世

○高久　五兵衛と号す

実は安島作左衛門嫡男、助兵衛養子と為る

女子（略）

女子（略）

○某　十蔵　実名不知

○久次　五兵衛と号す

実は十蔵弟、家督ニ成ル

某　早世

久良　久平と号す

芳揚軒様の御袋様憚り乍ら曾祖父助兵衛姉ニ御座成され候由伝え承り候、私若年の節芳揚軒様御法事の由ニて鱗勝院

より仰せ遣わされ御焼香ニ罷り出で候
細谷久平　　印

（注ａ）曾祖父助兵衛「姉」とすれば、高久はのち助兵衛を称したのであろう。

（注ｂ）久平が筆記した元禄年は正保元年（一六四四）御袋様没年から三十二～四十八年後にあたる。子の阿證はすでに法印号を授かっている。なぜ「女」とか「女子」を立てなかったか、そこには特段の事情があったのではないかと推測する。

○細谷氏系図　Ｄ（秋田藩家蔵文書「諸士系図」抜粋）

○通時
助兵衛　五兵衛
伝云常州奉仕之時食邑八百石ヲ賜ト云フ、慶長七年水戸ヨリ秋田ヱ供奉之後左之通リ

○通定
八十郎
万治二年采地五拾石ヲ賜フ

一
○通仲　久平　五兵衛　寛保元年没
○通則
○通政
○通範　形助　明和八年生
文化二年九月　細谷形助　（花押）

（参考）
・正保元年（一六四四）十二月／上人母没
・明暦二年（一六五六）閏四月／上人寂
・延宝三年（一六七五）閏四月／法印号贈らる
・元禄年間（一六八八〜一七〇四）／久平Ｃ図筆
・宝暦五年（一七五五）閏四月／上人号贈らる
・文化二年（一八〇五）九月／形助Ｄ図筆
・文政年（一八一八〜三〇）／ＡＢ図作成カ

○追記
正保元年（一六四四）没の上人母が院葬を遺言したと伝える（伝記三）鱗勝院とは、義重の六郷転住に伴い常州より六郷に分寺移転、義重逝去ののち秋田城下に移転を伝える、義重ゆかりの寺院である（現在地市内旭北栄町）（三浦賢堂『鱗勝院誌』）。これより先、義重菩提寺の闐信寺は義宣により慶長十八年（一六一三）建立されているが（市内手形字蛇野）、ここに葬されることが不可であったか遠慮したかは不明だが、次善の策として、義重ゆかりの寺院を選択し遺言したことになる。ただし墓石は見当らない。

付三　発受および関係文書（史料を含む）

・文書名は主に差出人名により筆者が付した。読み下しを示す。
・半字は全字とし、欠字はうめ、二行書の氏名花押は一行書に改めた。
・特記以外は秋田県公文書館所蔵。

1　発信文書

文書一　佐竹義継書状（「岩堀文書」四〇―八一）

先刻は隙無く候間、御下り候へ共の由承り候て、名残り惜しく存じ候、仍て、くつは御用の由、四ひやへ物語り申し候間、見苦しく候へ共、道ニての掛け替えに然るべく候、それニ付き秋田へ下り着き候はゝ、我ら無事ニ居り候由、よくよく御物かたり候て、たまハるへく候、いか様重ねて貴所御登りの時分ハ、くわしく御物語り申すべく候、早々、恐々謹言

正月十五日　　　　義継（花押）

□　岩大覚との参　　　　義継より

・四ひや／ヨツヒヤ、義継に近侍する者か不詳。

・我ら／義継を指す。
・□／不詳。
・義継／廃嫡後の名。本状は「義継」を称したことを伝える貴重な書状である。京へ出て以降、出家前の出状である。

文書二　芳揚軒阿證書状（「柿岡文書」四四－五九）

わざと使者を指下し候間、啓達せしめ候、まず以て当春の吉慶、珍重に存じ候、貴殿無事ニ御座候哉、承りたく候、将また我らの儀、近年病気の故、余命久かる間敷き様ニ存じられ、出家望みニ候故、弥左衛門指下し候、其もと万事不案内ニ候間、拾太夫殿その外御家老中へ御指し引き、ことに宿等の義も御肝煎憑入り候、委細の儀は口上申し含み候間、書中具さならず候、恐々謹言

芳揚軒　阿證（花押）

正月廿一日

柿岡三郎左衛門殿　人々御中

・芳揚軒阿證／寛永十五年（一六三八、二十七歳）出家後の称号のはずだが（第三章）、本状では出家前に用されていて（「出家望みニ候故」）、この関係不明。

・当春の吉慶／一般的な正月初春を指すか、特定の慶事を指すか不定。
・我らの儀／上人自身を指す。在京都。
・近年病気の故、余命久かる間敷き／藩の要人に切々訴える。
・出家望み／寛永五年（一六二八、十七歳）高野入山希望（政景日記）とは別件のようである。
・拾太夫／戸村義国。家老在任期間は寛永十一年（一六三四）～寛永十九年（一六四二）一月。
・（池見）弥左衛門／初代為成は岡山池田氏の一族で、関ケ原の功で一万石を領したが、慶長十九年（一六一四）領地を没収され、京に出て池見に改姓、御室顕証上人の紹介で阿證に仕え、以後秋田藩京屋敷の守臣となって武庫を管理したと伝える（秋田人名大辞典）。
・御肝煎憑入り／お世話（肝煎）におすがりする（憑入り）。

文書三　芳揚軒阿性書状（「小野崎文書」四三―三）

池見弥左衛門罷り上り候刻、半兵衛かたの状披見せしめ候、先ず以て其もと御無事の由珍重に存じ候、今度弥左衛門其もと罷り在る中、万事御引き廻しの由、満足申し候、今儀に勤めず御礼申し得ず候、貴殿首尾よく仕廻し上られ、本望の至りに候、ここもと相替る儀無く候の間、御心易かるべく候、相応の用候はゝ申し越さるべく候、謹言

芳揚軒　阿性（花押）

五月廿二日

小野崎与左衛門殿　人々

・相替る儀無く／無事と当初希望の高野山入りはないの両方を指すか。
・池見弥左衛門／前掲。
・半兵衛／姓は小倉、上人近侍の従者。
・小野崎与左衛門／付四に見える小野崎弥一兵衛の先祖か。

文書四　芳揚軒ア性書状（「阿久津文書」五〇―二九）

猶々其の後は無音、本意にあらず候、以上

久々幸便を得ず候故、書中にても申し入れず心外に候、其もといよいよ御無事に候や、永々在京中、苦労の程今上に於いて左申し遣す事に候、将また日外八闐信手跡御越し給い候、誠に大慶浅からず候、御失念無く候故、ひとしお感ぜしむる事に候、此方も前躰無替の儀に候間、御心安かるべく候、此の地似相の用所に候は、仰せ蒙るべく候、なお後音を

期し候、恐々謹言

卯月八日　　　　　　　芳揚軒　ア性（花押）

阿久津三之丞殿　人々

・日外／いつぞや。
・永々在京中／本状は京からの書状と思えるが不定。
・闐信手跡／父義重の手になる書跡をいう。
・阿久津三之丞／秋田藩士。初め義重と六郷に来て二百石、のち秋田城下に移ったが（秋田人名辞典）、当人が次代かは不明。

文書五　尊寿院書状（『国典類抄』山下惣左衛門文書）

拙僧今度の煩い、快気仕り難く存じ候、之に就き尊寿院庵室の義、一音坊へ申し置き候、然りとも相続の心当り御座無く候間、後々断絶仕らず候様ニ、恐れ乍ら　御門跡様へ御執成願い奉り存じ候、恐惶謹言、

壬四月六日　　　　尊寿院

山野井外記殿

山野井外記と申は先御室性承親王の御母方の御一家ニて候なり

・壬／上人遷化の明暦二年（一六五六）直前では承応元年（一六五二）が壬辰であるが、この時は尊寿院を中興しておらず当らない。文意から推して明暦二年丙申の誤記か。

・一音坊／法住庵上人をさす。

2　受信文書

文書六　芳揚軒宛て四家老連署状（「池見・小倉文書」三六―一七、三七―一二）

御使札の趣具さに拝見仕り候、然れば近年御出家御望ニ思し召され候間、御前へ申し上げ、聞しめし届けられ候様ニ成させられ度く、思し召さるゝの旨仰せ下され候、則ち披露遂げ申し候得ば、御出家成され候儀、御心許無く御思し召され候得とも、其の様の儀は御心中次第の儀ニ御座候間、是非に及ばず候、併し御出家を遂げられ候とても他所へ御出成され候儀ニハ御座無く候間、只今の通りニ御屋敷に御座成させられ、御用の時分寺方へ御出の儀は苦しからざる由、御意に候、将また金柑壱折御進上成させられ候、指し上げ申し候、委細御使者弥左衛門殿へ申し渡し候間、審らかに能わず候、恐惶謹言

三月十一日

梅津半右衛門　忠国（花押）

佐藤源右衛門　光信（花押）

渋江内膳正　光久（花押）
戸村拾太夫　義国（花押）

芳揚軒様　尊報　御小姓衆中

・御出家御望み／本状は発信文書二に対する国元家老連署の返答である。ただし出家前に宛先が「芳揚軒」とある、この関係は不詳。
・御屋敷に御座云々／上人は上京当初このような過ごし方をされたのであろう。この状況は寛永十五年（一六三八、二七歳）の出家のころまで続いたらしい。
・本状の発出年／四家老の在任期間から寛永十一年（一六三四）〜寛永十九年（一六四二）一月。

文書七　つほね書状（「池見・小倉文書」三六―一八）

猶々かわる事御さなく申し遣し候

このたひかわち殿あらあら申しあけ参らせ候、御ししゃとしてのほり（折り）御申し遣し候、一筆申し参らせ候、せん日ハしゅり殿へ、御つかいのちふん（時分）、てまへゝもおふみ、ことに一しほの御いんしん（音信）、いかゝしけるか存じ申し候、なお御きげんもよく御さ候よし、うけたまわりまんそく申し候、いつもなからとうねんハ、かん（寒）一しほつよく御座候、そこもともさそひえ（冷え）申し候、おんみおしはかり申し候、くわしくハかハち殿御申し候、おん遣し候、あらあら申し候、めでたく申し候

なりしゃう より

つほね

そんしゅいん殿

御申し方々御中

・しゅり殿／石井修理亮。義重の室に仕えて京都に在ったが、その後も滞在か。

・つほね／一般に宮殿などで高貴な女房や女官のために仕切られた私室、転じてそうした私室をもつ女官または奥女中の敬称をさすが、この「つほね」は何ものか、寒気、冷えを心配しているので、秋田在住の女性と按ずるが不定。

ただし、三代義処の侍妾おりうの子が義処の世子となり（のち義格）、元禄十五年（一七〇二）お袋様と称されたが、これより先、同十二年（一六九九）「お町つほね」へ移ったことが祝されている（「御側室御取扱」『国転類抄』）。これに倣えば、お袋様と称された（系図C）尊寿院母が、いっとき「つほね」を称した可能性があり、また「お町」が居所とすれば、「なりしゃう」も居所の可能性が考えられるが、いずれも未詳。

・そんしゅいん殿／尊寿院号を賜った正保三年（一六四六、上人三五歳）以降の書状であろう。

（注）受信文書では他に、（元和七年）霜月十七日付、佐竹彦次郎様人々御中宛、本多上野介正純書状がある（千秋文庫所蔵「佐竹古文書」）。秀忠に見えた御礼として、彦次郎が正純を表敬、贈物したことに対する礼状であるが略する。

3　関係文書（史料を含む）

文書八a　梅津憲忠宛て佐竹義宣書状（上田芳一郎「尊寿院阿證」、底本未詳）

急度申遣候、彦次郎が儀、四ケ年が内色々情を入、猿まわし候ごとくに、しかつゝ（しかりつゝか）、又色々為申聞候得共、しゆしやうかいなく生候故か、次第々々にぼれたるなりに而候、先第一しかり候を何共不思候而居候躰ニ而候間、人前をも為見候はゝ、薗（マヽ）気も可付かと分別候而正月より御前に出候所に、弥々気も不付ぼれたるなり、是非を書中ニ可書様も無之候間、其許え遣候、一乗院之弟子に仕、かみをそらせ可指置候、扶持方二十人扶持遣候而何に而も其外かまはず候而、可指置候、（中略）又一乗院に彦次郎指置候はゞ、小姓之一人も付置候事無用に而候、小しほちの一人も二人も可差置候、時之折檻に而無之候、末代見かぎり候而之事に候間、出家により外には不成事に而候、手前存分之通、又跡職訴訟之儀島弾正殿を以、一昨廿二日雅楽殿、大炊殿え申候得者、申所尤之由御あいさつに而、御手透次第に御披露可被成に而候間、満足候、総別あの様成不届之者を跡職仕指置、後日に身上相果候へは、下々之者こじきをする事に候、はやく見付候儀下々の仕合にて候、島田弾正殿申上候様子御聞候而、一段の分別に候由御合点に候間、満足候云々、

文書八b　梅津憲忠宛て佐竹義宣書状（東京大学史料編纂所所蔵「天英公御書写」七二、翻刻は後掲『佐竹義宣書状集』）

尚々、其許へ下着候者、翌日申付、右之分ニ可仕候、以上、
急度申遣候、彦次郎《（佐竹義継）》か儀、四ケ年か内色々情を入、猿をまハし候ことくニしかつつ、又色々為申聞候得共、しゆじやうかいなく生候故、次第ニぼれたるなりニ而候、先第一しかり候を何共不思候而、居候躰ニ而候間、人前をも為見候者、薗気も可付かと分別候而、正月より　御前へ出候所ニ、弥気も不付ほれたるなり、是非を書中ニ可書様[注]も無之候間、其許へ遣候、一乗院之弟子ニ仕、かミをそらせ可指置候、扶持方廿人扶持遣候而、何ニ而も其外かまハず候而可指置候、扨又北又七《（佐竹義廉）》跡職之儀、一類少も無之候条、相立間敷候間、常陸より又七か譜代之分付候而来候者をハ、直ニ可召仕候、先いつもの扶持方知行ニ而可指置候、

秋田へ下候而以後かゝへ置候者之儀者、知行取成共、扶持取成共、皆々扶持をはなし、他人奉公致候様ニと可申付候、又一乗院ニ彦次郎指置候ハヽ、小性之壱人も付置候事無用ニ而候、小しほちの壱人も二人も可指置候、時之折檻ニ而無之候、末代見かぎり候而之事ニ候間、出家ニより外ニハ不成事ニ而候、手前存分之通、跡職訴訟之儀、嶋弾正殿《(島田利正)》を以、一昨日廿二日雅楽殿《(酒井忠世)》、大炊殿《(土井利勝)》へ申候得者、申所尤之由御あいさつニ而、御手透次第ニ御披露可被成ニ而候間、満足候、惣別あの様成不届之者を跡職仕指置、後日ニ身上相果候得者、下々者こじきをする事ニ候間、はやく見付候儀、下々の仕合ニ而候、嶋田弾正殿《(利正)》申立候様子御聞候而、一段の分別ニ候由、御合点ニ候間、満足候、（略）、謹言

（寛永三年）三月廿二五日　　御名乗御居判

・注／「翻刻」では様が脱落。
・薗気／えんぎ。薗は園と同字。
・小しほち／発心して仏門に入ったばかりの人。新発意（しんぼち、しぼち）。

文書九　佐藤光信書状（「池見・小倉文書」三六—一九、三七—一三）

寂尓様より改年の御祝儀として御扇子二本入り一箱、御直書を以て御意頂戴に応じられ、慮分至極に存じ奉り候、殊さら来年の春御灌頂成さるべきと思し召され候へ共、万事の御

入目、御自分に於ては成させられ候儀罷り成らず候間、屋形様へ御訴訟御申し成されたく思し召さるゝの旨、書状を以て仰せ下され候、御出家を遂げられ度きと御訴訟御申しの時分、屋形様御意の御様子とも御座候間、申し上げ候儀思慮仕り候、委細ハ小倉半兵衛殿へ申達し候条、御次でを以て仰せ上げらるべく候、恐々謹言

佐藤源右衛門　光信（花押）

三月八日

池見弥左衛門殿

・寂尓様／上人は寂尓とも言う。
・来年の春御灌頂／承応元年（一六五二、四一歳）九月、伝法灌頂す（国典類抄）。
・万事の御入目／御合力金二百両を進め。このとき佐竹家が大枚の寄進をした御礼として在京の小倉半兵衛が北国から秋田へ下った（国典類抄）。
・小倉半兵衛／廃嫡によって（義直の）江戸奉公人は帰されたが、半兵衛だけは京に随従した（国典類抄）。
・佐藤源右衛門／家老在任は寛永十一年（一六三四）～寛文三年（一六六三）。
・池見弥左衛門／四条柳原町にあった京屋敷詰め藩士。

文書十　多賀谷隆家書状（「池見・小倉文書」三六―二〇、三七―二四）

一筆申し入れ候、然れば芳揚軒殿当四月御年忌の由、先達御用人共かたへ申し越され候、各申し談じ披露遂げ候、銀子拾枚遣わされ候間、山下宗傳所より請取り指て、御前より御香典の様ニなく、御両所御寺へ御持参なく、御法事御執行の様ニ申さる可く候、右の段宗傳かたへも申し遣わし候、恐々謹言

多賀谷左兵衛　　隆家（花押）

二月廿七日

池見弥左衛門殿

小倉半兵衛　殿

・当四月御年忌／忌日は閏四月四日。何回忌か不明。

・銀子／ぎんす。銀を九㎝位の平らな楕円形にして紙に包んだもので、通用銀の三分にあたる。贈答用などに用い、銀何枚と呼んだ。

・山下宗傳／京の御用商人。

・御前／藩主義隆をさす。

・多賀谷左兵衛／家老在任は寛文五年（一六六五）～延宝四年（一六七六）。

・小倉半兵衛／上人没後も滞京したらしい。

文書十一　梅津忠雄書状（「池見・小倉文書」三六―一二）

一筆啓達せしめ候、然れば尊寿院様御存生の内、仁和寺御室御抱えの内、御守屋敷御所持成され、御建立の御寺有る由、承り及び候、御児統ニ誰と申す衆御座候や、其の後右の御寺の様子承わらず候、今に住守御座候て誰と申す衆なく、幾人ばかり居住成され候や、御寺の様子、御報ニ委しく申し越さる可く候、来年は尊寿院様十三回忌ニ御当り成らる可きと存じ奉り候、我に心得なく、其元の御様子、相履み申し候間、御沙汰ハ御無用ニ候、ここ元御屋敷御多事なく候間、御心安かる可く候、恐々謹言

　　　　梅津与左衛門　忠雄（花押）

　拾月廿四日

池見弥左衛門殿

小倉半兵衛　殿　かたへ

・来年は尊寿院様十三回忌／十三回忌は寛文八年（一六六八）、よって当年は寛文七年（一六六七）。

・梅津与左衛門／家老在任は万治二年（一六五九）～延宝元年（一六七三）。

文書十二　尊寿院法務大僧正書状（「後藤文書」五三―五七）

拙僧後住の弟子、久我静斎と申す人の末子、当年十一歳ニ成り候ヲ、内々契約仕り置き候、然れ共拙僧の寺ハ、佐竹右京大夫様より御建立の寺ニて之れ有り候ゆえ、後住の儀は御窺い申入れ候て、其れ以後入寺得度相極め申す可く候の段、兼て申遣し候、此の度御窺い申入れ候、右の旨然る可く仰せ入れられ候て、少将様御安条も御座無く御許容成し下され候て、明春二月頃右の児入寺得度致させ度く候、此の段然る可く御序を以て仰せ上げられ下さる可く候、頼み入り候、其の為斯くの如くに候、以上

尊寿院法務大僧正

十一月九日

後藤理左衛門殿

右の通り霜月九日ニ良圓坊御大僧ニ成られ、仰せ下され候間、当十一日に与左衛門殿迄右御状相下し候、御披露下さる可き由、申し上げ候、以上

・拙僧／このほか「後藤文書」五三―五八～六二書状から隆信、年代は元禄十五年（一七〇二～一七〇三）か。先代は前大僧正隆幸（元禄十六年）。
・末尾二行は理左衛門の覚書で、家老梅津忠経に本状を伝えたということか。
・少将／四代義処か。

・与左衛門／前掲。

文書十三　尊寿院法務僧正書状（「常光院文書」）

春寒の節愈《いよいよ》堅固珍重に存じ候、然《しか》れば旧臘《きゅうろう》廿五日東寺法務職御推補蒙《こうむ》り候、御風聴御禮申し候印《しるし》迄に扇子壱箇《いっぱこ》、進覧致し候、右申入れ度く此《かく》の如くに候、恐々謹言

二月朔日　　　　□□□（花押）

尊寿院法務僧正

・旧臘／去年の十二月（新年に言う言葉）。
・東寺／真言宗教王護国寺。空海創建。
・法務職／諸宗の庶務、法務を管領する僧職。
・風聴《ふうちょう》／かすかに聴くから、心ばかりの意。
・箇／用例は「箱」。
・紀年推定／本状は「国典類抄」の次の記事と関係するか。

延享元年（一七四四）二月条　尊寿院法務旧冬大僧正

文書十四　尊寿院阿證遺言（「池見・小倉文書」三六―一二六）

覚

一　小脇指（差）　壱腰　　小泉真哲へ進め候事
一　中脇差　　　　壱腰　　楠道記へ進め候事
一　大脇差　　　　壱腰　　吉右衛門殿へ進め候事
一　長盛之刀　　　壱腰　　良琢房へ進め候事
一　良順房へ、先年御用ニ立て候御手形返し進め候事
一　掘物の硯並に点画文共　石田良敬へ進め候事
一　着込壱領　　　　　　　石橋兵右衛門方へ遣し候事
一　刀壱腰並に着込壱領　銀ニ替え候て遠忌追善の料ニ仕るべき事
一　くほへ、取替の銀　同じく遠忌之料ニ仕るべき事
一　金子四両　　　　　　　妙久へ遣し候事
一　金子壱両　　　　　　　弥市へ遣すべき事
一　金道大脇差　壱腰　　　卯之助ニ遣すべく候事
一　密乗院ヨリ参り候千手観音　小倉半兵衛ニ遣すべき事
　　右今度染礼相草し候、かくの如くに付け置き候、支配せしむべく者也、

但し此の内真哲、道記、良琢老、右への脇差刀ハ生前ニ進め置き候也
明暦二年　尊寿院
閏四月七日　阿證
池見弥左衛門との
小倉半兵衛との

・密乗院ヨリ参り候千手観音／上人が宥雄法師の密乗院に入室された縁で尊寿院に招来されたものであろう。横手正光院の千躰仏は上人自作とされるが、あるいはこの千手観音か。
・苦悩無く安然と化された前日の日付である。上人にもはや余力がなかったものか花押（写）はない。身回り品の処分を細やかに遺言しており、上人の末期の枕上にはべった人間模様がうかがえる。

文書十五　彦次郎様江戸へ詰被遊候内格年ニ江戸番相勤候者共子孫有人之覚
（AK二八八―二八）　（略）
（注）関係文書では他に、（元和八年）十月八日付、義宣様人々御中宛、酒井讃岐守忠勝の、彦次郎が秀忠に謁したことを慶祝する書状があるが（千秋文庫所蔵「佐竹古文書」）、略する。

付四　その他資料

1　義重最後の鷹野

（1）其の一、月の出羽路（『真澄全集』七、未来社、一八九頁）

浮木《ふぼく》物語（割注、元禄十一年戊寅十二月大嶋小介といへる人のもとへ書おくりける、黒沢元量行年七十七とありき）といふものに、「慶長十七年（一六一二）壬子ノ四月十八日、明日はようの森へ御鷹野なるよし仰せ合され候、これに依て葦名主計義勝、多賀谷左兵衛尉宣家飛脚を以て聞え給へば、此むね心得べき条云々。同十九日郷より御日《おんにち》の鷹野あそばされ、ようの森へ御着を待てありけるほどに、御中宿の五六町ばかり近づきて、鷂《はいたか》御するゐあそばされて至らせ給ふ（割注略）に、真鴨二羽居りたるをご覧ぜさふらい、御秘蔵の兄《この》鷂《り》に御するゐかへ給ひて手放給ふとき、御馬とく走せて、公落馬あり。（略）」云々と見えたり。（略）

・黒沢浮木／元和八～元禄十三（一六二二～一七〇〇）。名元重。通称のち多左衛門、号浮木。小姓から江戸留守居物頭、秋田仙北総山奉行等を歴任、寛文四年（一六六四）朱印改では家老を補佐し活躍、養父は義重に仕え六郷に住した。

・ようの森／遥の森、柳の森。当時神宮寺村一帯は義宣秘蔵の鷹野とされたので、義重も遠慮して玉川を渡ることはなかった。
・葦名義勝／義重二男、当時角館城主。
・多賀谷宣家／義重四男、仙北白岩領主を経て檜山城主。
・御日の鷹野／日帰りの放鷹。
・御中宿／遥の森麓に休憩宿でもあったか。
・五六町／五一〇〜六六〇米。
・鷂、兄鷂／鷹の一種。鷹より小さいのが鷂、大きいのが兄鷂か。

(2) 其の二、黒澤浮木覚書全（秋田県公文書館蔵）

一慶長十七年子年四月十九日御逝去、御年六十六、当元禄十一寅年まで 八十七年なり。御逝去成され候所ハ神宮寺、今の舟渡しより少し下、川（ばた）ようノ森と申す所に、川欠に相成り皆失勢申し候也。

一四月十八日に明日御鷹野に出らる可く候間、ようの森え御着成さるる様に、葦名主計殿義勝、多賀谷左兵衛殿宣家へ御飛脚遣わされ、明日ハようノ森にて御休息遊ばさるべく、大勢に有るべく候間、其の心得仕り候へと仰付けられ、十九日には六郷より御日鷹野に出させらる旨、主計殿、左兵衛殿角館白岩よりようの森へ相詰め、御着待居り候処に、御休の五六丁斗り近辺まで御はい鷹を御馬て御据へ御出遊ばされ候へは、古沼に真鴨二ツ居り候を御覧成られ、御はい鷹に御秘蔵の御兄たかを御据替え御合せ、則御落馬成られ候

・失勢／「失せ」か。

・御休／中宿をさす。

(3) 黒沢浮木覚書（伊頭園茶話／新秋田叢書第七巻）

（知足院様）慶長七年寅年当国エ国替御下リ御歳五十五、山𡈽六郷御坐所、同十七子年四月十九日御逝去、御歳六十六、御逝去成される処は神宮寺今ノ舟渡リ川下川端ヨウノ森と申す処、段々川欠ニ罷り成り、皆失い申し候。四月十八日ニ明日御鷹野ニ出らる可き間、ヨウノ森エ御出会成され候様ニト芦名主計殿、多賀谷左兵衛殿エ御飛脚遣され、明日ハヨウノ森ニテ御昼休遊ばされ、大勢ニ有る可きの間、其の心得仕り候エト仰せ付けられ、十九日ニハ六郷ヨリ御日鷹野ニ出させられ候。主計殿左兵衛殿、角館白岩ヨリヨウノ森エ御着を待ち御申しの処、御休ノ五、六丁斗リ近クマデ御ハイ鷹ヲスエ、御馬ニテ御出成され候得バ、古沼に真鶴二ツ居り申し候て御覧なされ、御ハイ鷹ニ御秘蔵ノ御兄鷹ヲ御スエ替御アワセ、則御落馬成され候。主計殿左兵衛殿ヲ始め何申すモ走り付け申し候エバ、ハヤ

御落命成され候。見奉りケレバ、御胴ノ内皆朽サセラレタリ。是ハ前年九月ヨリ御左ノ御手掛ニ御腫物出来候ヲ、軽きモノト思し召されシカドモ、御養生遊ばされず、上バカリ直り申し候ヲ能きト御心得成され候て、底エ朽ち入り申シタルト見エタリ。御落命ハ御落馬故ニアラズト人々存じタリ。御アワセ成され候御兄鷹ハ真鶴ヲ取り申し候。

2　覚（秋田藩家蔵文書ＡＳ二八九・二、秋田県公文書館所蔵、抄出）

一佐竹彦次郎義継公ト申すは御北城義重公様の御末子なり。御舎兄三位中将義宣公様の御養子ニ為し置かれ候、公方様ニ而□□《虫食》三日御能遊ばされ候、毎日未明より□□□《虫食》御登城御参列、少し御睡成され候、其の節仙台伊達中納言正宗《ママ》公御覧、悪口成され候故、義宣公様御子ト遊ばされず候、之れに依って京都御登り、小室仁和寺ニ而　御出家、芳揚軒と御改め、尊寿院と渡らせられ候由、

一寛永十六年《一六三九》己卯年七月十六日御出足、八月御上京、拾五人御扶持金五百両宛の御合力の由、

右は祖父与左衛門御供にて罷登り、寛永十七庚辰年北国より四月十八日下国申し候由、申し伝え候、已上

宝永六《一七〇九》己丑年　正月日　　小野崎弥一兵衛

3　法金剛院墓所（『国典類抄』後編賓部二十六、家老小田野日記、宝暦五年（一七五五）三月二日条、句点は編者）

一芳揚軒様御百ケ年ニ付、尊寿院様江銀拾枚、法金剛院江同壱枚、被遣可然由其通申候、御墓所は法金剛院之山ニ幽ニ有之候故、石垣を以御囲致度段、池見安左衛門小倉十左衛門内々御室之仰を以、我等在京中久平江申談、同人申聞候故、少分之事は相成間鋪物ニも無之候間、御入目為相積、追而伺候様申候ニ付、積候得は、銀四百目余ニ上リ候由、此節御勤之儀又は御旧式も被相止候間、成間鋪趣、江戸ニ而評議之由、申聞候故、止候様ニ申候

4　尊寿院（京都府寺院明細帳五、明治十六年、京都府立総合資料センター所蔵）

京都府下山城国葛野郡御室村字大内

古義真言宗　仁和寺塔頭

一本尊　大日如来

一由緒　当院中興阿證上人ハ、源義家末弟新羅三郎義光二十代ノ孫、羽州秋田城主佐竹常陸介義重五男、其の兄たる左中将義宣の養子、俗名彦二郎義継、寛永三年故有りて洛に世人を遁る、同年間槙尾山に於て得度の後、仁和寺覚深親王ニ一舎の地を

乞い、其の懇志を感ぜられ、尊寿院旧号并に寺地を賜る、元禄十三年秋田城主により建立、代々大僧正公家護持僧を任じ、并に東寺長者法務職に任ぜらるるは是れ寺例ナリ（原漢文）

一本堂　仁和寺へ合流　梁行二間　桁行三間半
一庫裏　梁行三間　桁行五間
一門　明キ壱丈
一境内　千七百七拾坪
一境外所有地　藪地壱反五畝二十歩　同地　二十七歩
一その後（付録文書より編者作成）
明治一九・一一・一八　庫裏暴風雨ノタメ倒壊
明治二六・三・一三　準別格本山ニ加列
明治二六・五・二　本堂庫裏再建
昭和四・七・一六　境外所有地売却許可
昭和四・七・一八　山林売却
昭和九・九・一〇　方丈、炊事場、倉庫、客殿等建物寄付受納
昭和一一・六・二三　庫裏一時取りこわし許可

昭和一一・一〇・一　表門位置変更・土塀改築許可

付五　先行および関係研究

安藤和風編著「芳揚軒阿證」『秋田人名辞書』昭和七年
上田芳一郎「尊寿院阿證」『秋田』昭和十年三月号
安藤和風「阿證上人の和歌」秋田魁新報、昭和十年五月十一日夕刊
安藤和風「芳揚軒阿證」『秋田』昭和十年五月号
加藤寥洲「芳揚軒阿證文書」上下、秋田魁新報、昭和十年六月十四・十五日夕刊
安藤和風「阿證上人の和歌」『秋田』昭和十年七月号
井上隆明「芳揚軒阿証」ＡＢＳレポート二〇号、昭和四十四年
秋田魁新報社編「阿證」『秋田人名大辞典』昭和四十九年
古藤真平「仁和寺の伽藍と諸院家」上『仁和寺研究』第一輯、平成十一年
古藤真平「仁和寺の伽藍と諸院家」中、同「尊寿院伝記の研究」『仁和寺研究』第二輯、
　平成十三年
伊藤武美「芳揚軒君御肖像の謎」上下、秋田魁新報、平成十八年七月十一・十二日

庄司拓也「秋田藩佐竹家の後継者問題と養子縁組について―近世大名家の血統意識と養子縁組」『あきた史記』歴史論集6、秋田姓氏家系研究会、平成十九年
金子拓・加藤昌宏・及川亘編『佐竹義宣書状集―梅津憲忠宛』東京大学史料編纂所研究成果報告二〇一三―三、平成二十五年
清水翔太郎「近世大名家における正室と側室―秋田藩佐竹家を事例に」『歴史』第一二二輯、東北史学会、平成二六年
原武男編『新編佐竹氏系図』昭和四十七年
原武男校訂『佐竹家譜』上中下、平成元年
渡辺喜一編『新編佐竹七家系図』平成五年

付六　初出論文および発表講演

○初出論文

「阿證上人の研究（其の一）」『叢園』一六七号、平成十三年一月
「阿證上人の研究（其の二）」『叢園』一六八号、平成十三年十二月
「阿證上人の研究（其の三）」『叢園』一六九号、平成十四年八月

「阿證上人の研究―生母細谷氏を中心に―」（其の四改編、『叢園』自然休刊）
「実証史学において一文書一史実の意義を問う―報告「阿證上人の生涯」に対する批判に寄せて―」『北方風土』53、平成十九年一月
「再論 一文書一史実の意義を問う」『北方風土』57、平成二十一年一月
「阿證上人の物語―生誕四百年記念―」『北方風土』58、平成二十一年七月
『北方風土』67、平成二十六年一月

○**発表講演**

平成十八年八月十六日　大仙市立神岡中央公民館主催「おもしろ講座」
「数奇な運命を仏道に生きた阿證上人と我がふるさと」於かみおか嶽雄館
平成十八年十二月九日　秋大史学会「近世・近代史部会」研究会
「阿證上人の生涯」於秋田大学教育文化学部教室
平成十九年一月十二日　大仙市「花館の会」・北方風土社共催「合同研究会」
「数奇な運命を仏道に生きた阿證上人の物語―出生は父義重の花館鷹野行か―」
於花館中央公民館
平成十九年七月二十八日　美郷町六郷公民館・六郷史談会・美郷町文化財保護協会

六郷支部・ふるさと学習講座共催「歴史講演会」
「阿證上人の物語―六郷閑居の鬼の義重が遺した一輪の花―」　於美郷町六郷國之誉ホール
平成二十年十二月二十日　秋田姓氏家系研究会
「阿證上人の生涯―藩主佐竹義宣末弟の数奇な運命と仏門帰入―」　於秋田市・秋田県民会館ジョイナス
平成二十五年十一月三十日　首都圏秋田歴史と文化の会
「阿證上人の物語十話―生誕四百年記念―」　於東京九段・千秋文庫会議室

付七　短篇（創作）

母子の別れ

寛永四年（一六二七）弥生《やよい》三月、まだ明けやらぬ早朝のこと、出羽国久保田城の東門に近い由緒ある寺院の前に辺りをはばかるように一人の若い僧がたたずんだ。墨染《すみぞめ》の衣《ころも》に菅《すげ》笠《がさ》、脚絆《きゃはん》ばきのいでたちで、これから旅に出る様子であった。後方に同じ格好の年配の僧が一人控えていた。若い僧はしばらく辺りの様子をうかがっているようであったが、おもむろに山門脇のくぐり戸を押さえがちにコツコツと叩いた。するとその音を待っていたかのように内側から静かに扉が開いた。濃紺の打ち掛けを頭からかぶっていたが、背をかがめてくぐり戸の敷居を踏みこえて現われたのは一人の女性であった。僧はさっと女性の両の手をとった。春の冷気に「おかゝさま」と二度三度、腹の底からにじるような声が洩れた。女性は一度「彦次郎殿」と言ったまま、呆然《ぼうぜん》のていであった。二人はしっかりと手をとり合ったまま立ちすくみ、それ以上は声も出ない様子であった。両人の頬に涙がとめどなく流れた。「おかゝさま」と呼ばれた中年の女性はしっかりとした身体に色白の瓜実顔《うりざねがお》がはえ、なお充分に美しく香気にみちていた。「彦次郎殿」と呼ばれた僧はひ弱に見えたが、引き締まった口元のあたりは女性に似て気品があった。

やがて後ろに控えていた年配の僧が進み出て、女性に向かって深々と合掌し礼拝した。そして菅笠を直すとくるりと向きを変え、何ごともなかったかのように街道を西に向って歩きだした。若い僧はしばらくためらっている風であった。やがて急《せ》かされたように女性に一礼して向きを変えると、足早に年配の僧のあとを追った。その時再び「おかゝさま」という声が洩れたが、その声が女性にとどいたかどうか分からない。これが縁うすい二人の今生《こんじょう》の別れであったかもしれない。

若い僧は後の阿證上人であった。佐竹宗家《そうけ》に生まれ、いっときは藩主義宣の養嗣子《ようしし》として江戸城において大御所の徳川秀忠と三代将軍の家光に見《まみ》えたのであったが、故あって廃嫡され、久保田に戻されて真言宗の名刹である一乗院に入っていた。故《ゆえ》とは、義宣に随従して江戸城の大広間で幕閣、諸大名にまじって猿楽《さるがく》の観覧をした最中に居眠りをして、隣席にいた伊達政宗に咎《とが》められたことが、義宣の年来の不興を爆発させたと伝わる。今朝、上人はいよいよ本格的に出家して仏門に入るため佐竹氏の祈願所である一乗院住持の宥増に伴われて、京師《けいし》に向けて旅立つところであった（注）。宥増の特別の計らいで、この朝上人は生母である女性に別れを告げに立ち寄ったのであった。上人十六歳の春のことだった。

上人の生母と伝わる細谷氏女の没年は明らかであるが、生年が不詳のため義重に見初められたときの年齢が分からない。わずかに政景日記の寛永二年（一六二五）七月九日条は「彦次郎母様にて半右衛門に御振舞い有り」として、世子義直の母細谷氏が家老憲忠、陪席の政景等を饗《きょう》したことを伝える。実はこれよりさき同年二月、守役の岡本蔵人《くらんど》が世子彦次郎の行状を案じたあまり、帰国した久保田で小刀で自傷におよんで、守役を辞任する一件があった。こうして、この振舞いは母細谷氏が彦次郎の守護を藩要職の面々に頼んだ大事な宴《うたげ》だつたようである。このとき彦次郎十四歳、母は若くとも三十代半ばであったろうが、いずれにしてもこの期に藩の要職を招宴することから推せば相応の年齢と見識をそなえた女性であったと思われる。

他方、義重は天文十六年（一五四七）二月一六日生れなので、細谷氏女と接し彦次郎を妊ませたのは六十三歳十カ月のことである。当時の寿命を考えれば現代の七十をいくつか越す年齢にあたるであろう。臥処《ふしど》における男女の交合を指す房事《ぼうじ》のことは万事不明とするほかないが、その年齢で未通女《しょじょ》と交して子を成したとすればやはり珍重なことである。七十歳を超えてもつぎつぎに妊ました強者《つわもの》の家康にしても生み腹は経産の後家や出戻りである。したがって義重が見初めたときの細谷氏女の年齢を按じて、「もう少しで二十歳」という表現は美しく好まれる修飾語であるが、あまりこだわってはならない表現かもしれないと思案した。

こうして京師に上った上人は仁和寺院家の尊寿院を中興され、芳揚軒阿證を称し、世寿四十五歳をもって寂《じゃく》した。後世「法印」、「上人」号が追贈された。阿證上人は生れながらに数奇な運命の人であったが、仏道によってそれを乗り超えられ、生家の支援をよく活かして新境地を生きたと云わねばならない。

（注）元和七年（一六二一）八月二十九日、宥増（社務光明院、一乗院四世）遷化（『政景日記』元和七年十月十日条）と伝わるので、五世義円の可能性があるが、ここでは『密教辞典』にしたがう。

心象風景

寛永三年（一六二六）三月、江戸城本丸の大広間で開かれた猿楽に幕府重臣、譜代大名にまじって有力外様大名が陪観を許された。そのなかに久保田藩主佐竹義宣に伴われた十五歳の義直がいた。義直は義宣の異腹の末弟であった。これより先、おそらく七歳位のころ義直は義宣によって、仙北郡長野の紫島城に拠る佐竹義廉の養子とされていた。ところが肝心の義宣に子がなかった。当時幕府はもっともらしい理由を付けて、次々に容赦ない諸藩の取りつぶしにかかっていた。これを目のあたりにした藩中はいつまでも義宣に嗣子が決まらない事態に不安をつのらせた。こうして義宣は一大決心をして北家に入れた義直（当時御北）を引き抜き、自らの養子としたのであった。義直十歳の春のことだった。元和七年（一六二一）十月初めて江戸に登った義直は、元服の儀を済ませ、さらに、その年十一月二代将軍秀忠にお目見えを済ませ、国持大名であった久保田藩主の次の座が約束されたのであった。

ところが、ここに大きな誤算と見込み違いの事態がひそんでいた。近世幕開けの熾烈な時代を生き抜いた義宣の眼に、末弟義直は「ぼてたる」ように映ってならなかった。賢兄愚弟のたぐいであった。時に叱責もしたらしいが、なかなか効き目がなかった。これを案じた義直守り役の岡本蔵人は、国元の久保田へ帰国したとき自分の膝に錐《きり》をあてるという事件を起こし、守り役を辞退するという一件があった。こうした事態にも諦めず、義宣は手を代え品を代えて義直を調教しようしたのであった。いかにも努力、律儀な義宣のすることであった。こうして、この日江戸城本丸に義直を連れ出したのも、「人前に出せば気合いも入り、それなりに立ち直ってくれるだろう」という義宣の気配りから出たものであった。

その日、本丸の大広間は最上座に大御所となっていた秀忠と新将軍の三代家光が座し、猿楽の舞台を囲んで華やかな彩りにみちていた。能楽十番が演じられた。ところが義直はそのような中にいながら、自分が何故ここに居るのか、自己本来の面目は何かという人生の懐疑にとらわれていた。この問いは元服の前ころから次第に膨らんだ自問であった。今ここに自分と異なる冷ややかな自分をみつめ、眼を閉じた。やがて能舞と奏楽が進むにつれ、義直は眠りに落ちた。その姿態はいささか緊張を欠き、見ようによっては太々しくも映った。

これを斜《はす》向かいで見ていた仙台六十万石、千軍万馬の伊達政宗はやや考える風があったが、やがて隣席の義宣に手招きをもって知らせた。政宗があえて火中の栗を拾う挙に出た理由はいくつか推測される。一つは若者の不敵さがやがて隣国を危うくすると見たという説、二つは柔弱な藩主では混乱を招きかねず隣国も迷惑すると受け取ったとする説、三つは義宣の久保田藩を混乱させようとする魂胆から出たという説であるが、どちらとも決めがたい。義宣と政宗は従兄弟《いとこ》の関係であったが、戦国乱世の終期にあって時に交戦し時に虚々実々の駆け引きをした間柄であった。しかし徳川幕府のもとで平安が築かれた今では東北の地にあって怒涛の時代を生き抜いたという感慨を共有する昵懇《じっこん》な間柄でもあった。

律儀者と評されていた義宣は深く恥じ入って、手にした扇子でもって義直の膝を強く圧した。遠くで優しい母上が呼ぶように聞こえ、義直ははっと目を覚ました。義宣が憤怒《ふんぬ》の形相《ぎょうそう》で迫っていた。義直は一瞬に事情を察したが、さしてたじろいだ風もなく、威儀を正して一礼した。その仕儀に若者の明るさが無かった。これを凝視していた義宣の顔はややあって憐憫《れんびん》の表情へと変わった。下屋敷に下がった義直はその日のうちに勘当された。翌々日には出羽秋田へ下され、佐竹氏祈願寺の真言宗一乗院に預けられることになった。このような自分の運命とお家を揺るがす異変にもかかわらず、義直の胸中は一陣の風が吹いたあとの不思議な明澄《めいちょう》さがたゆとうた。仏門への一歩はなるべくして成ったように思えた。この心境は何なのか、若い義直の気付くところではなかった。

これより先、義直は元服にも拘らず、嗣子として自覚に欠けるところがあったとされる。若くして「詞藻書画を好む」という風情だったらしい。このことで日ごろ義宣は心を痛め、高じて不興になっていたと伝える。しかし、具体的にどのような行状がそうさせたのか事情は分からない。史料は国元へ帰った守役の岡本蔵人宣綱が嘆きのあまり短刀で股を刺して諫言《かんげん》する事件があったとする。これはよくある例で、重臣、守役連中が示し合わせて行なった演技か、後日の附会の可能性もなしとしない。いずれにしても義宣の日ごろの不興が猿楽の一件で我慢の糸が切れてしまったということである。

このことがあって、義直は自らのたっての意思で仏門に入られた。後年、京師仁和寺において院家尊寿院の中興に与《あずか》ったばかりでなく、真言密教の深奥に達せられ、芳揚軒阿證と称された義直は、晩年お側衆にこう洩らされたという。

吾に吾の定めあり、越ゆるなし、充たざるもなし。かたじけなきかな、吾が生を味わえり。有り難きかな、有り難きかな。ご縁の衆に謝し奉らん。

著者略歴

神宮　滋（かみや　しげる）

昭和十六年（一九四一）秋田県大仙市神宮寺（当時、仙北郡神宮寺町）生。
神宮寺神宮家当代（神道宮司位、仏門大律師位兼帯）。現住東京都千代田区。
秋田高校、慶応大学卒業。皇學館大学専攻科、放送大学大学院修了。
「首都圏秋田歴史と文化の会」共同代表兼事務局。
北国の歴史民俗考古研究「北方風土社」同人。

■近年主要著作

『秋田領民漂流物語』　無明舎出版、二〇〇六年
『戊辰戦争出羽戦線記』　無明舎出版、二〇〇八年
『鳥海山縁起の世界』　無明舎出版、二〇一一年
「鳥海山の本地仏と諸仏信仰」『日本宗教文化史研究』38、二〇一五年十一月
「二乗作『鳥海山大権現縁起』の成立年代」『山形県地域史研究』41　二〇一六年二月
「当家に伝わる新庄藩舛形村七所明神宛て寄進状」『北方風土』72　二〇一六年七月
他、当地域の神仏、鳥海山信仰など論考多数。ちなみにCiNii（サイニイ、国立情報学研究）
登録論文数八十五（二〇一六年九月現在）。
「木地山の弥蔵じい」（秋田県民文化祭２０１３エッセイ部門最優秀賞受賞）

仁和寺尊寿院阿證
―数奇な運命を仏道に生きた佐竹氏世子―

二〇一七年一月一五日　初版発行

著　者　神　宮　滋

発行所　イズミヤ出版
秋田県横手市十文字町梨木字家東二
電話　〇一八二（四二）二一三〇

印刷製本　有限会社イズミヤ印刷
秋田県横手市十文字町梨木字家東二
電話　〇一八二（四二）二一三〇

HP:http://www.izumiya-p.com/
✉:izumiya@izumiya-p.com

ISBN978-4-904374-28-3　C0095